MUSEUMSINSEL

BILDFOLGE – Farbbild-Rundreise durch die Hauptstadt BERLIN
CONTENTS – Pictorial tour of the capital city BERLIN

EINE FARBBILD-RUNDREISE DURCH
BERLIN
DIE HISTORISCHE UND NEUE STADT

Herausgeber: HORST ZIETHEN

 ZIETHEN-PANORAMA VERLAG

© Copyright by:

ZIETHEN-PANORAMA VERLAG
D-53902 Bad Münstereifel · Flurweg 15
Telefon: 02253 - 6047 · Fax: 02253 - 6756
www.ziethen-panoramaverlag.de
übrarbeitete Auflage 2010
Redaktion und Buchgestaltung: HORST ZIETHEN

Einleitungstext: JACK LANG
(Genehmigter Nachdruck - erschienen im GEO Special Berlin)
Bildbegleitende Texte: Ziethen Panorama Verlag

Fremdsprachenübersetzungen:
ENGLISH / John Stevens · FRANÇAIS / Leïla Schenkelberg
ITALIANO / Claudio Celani · ESPAÑOL / Dr. José García
JAPANISCH / Norio u. Ryoko Shima · CHINESISCH / FRANK Sprachen & Technik

Produktion: ZIETHEN-PANORAMA VERLAG GmbH

Printed in Germany

Bildnachweis: letzte Seite

I. Dreisprachige Ausgabe: D/E/F   – ISBN 978-3-92993-290-4
II. Dreisprachige Ausgabe: Chin/E/Jap. – ISBN 978-3-93432-892-1

JACK LANG

BERLIN. Wenn man diesen Namen hört, fallen einem starke Bilder ein: der Große Kurfürst, die Hugenotten, Friedrich und Voltaire, Mendelssohn, die Humboldts, die Barrikaden von 1848, Grosz, Marlene, Cabaret, die „Rosinenbomber" der Luftbrücke, „Ich bin ein Berliner", John F. Kennedy, die Schandmauer, der Trabant... Berlin hat dem Geist stets neue Nahrung gegeben. Berlin ist mehr als eine Hauptstadt, Berlin ist eines der markantesten Symbole unserer jüngsten Geschichte. Wer könnte die unglaublichen Tage im November 1989 vergessen, als Europa zu sich selbst zurückfand? Ich habe mich schon vor langer Zeit in Berlin verliebt, diese merkwürdige, faszinierende Stadt. Das Theater spielte dabei die Rolle des Mittlers. Hungrig nach geistiger Nahrung, bin ich als junger Student hierher gepilgert, um Aufführungen Brechtscher Stücke zu erleben. Die Teilung der Stadt, so unerträglich dieser Riss auch war, bot uns die Gelegenheit, zwei Monumente, zwei Modelle des modernen Theaters miteinander zu vergleichen: Brecht im Osten und Peter Stein an der Schaubühne. Ich komme immer wieder nach Berlin zurück und bin immer wieder von derselben jugendlichen Begeisterung und derselben glühenden Neugier beseelt. Jedesmal erliege ich dem vielschichtigen Zauber dieser Stadt, ob als Präsident der Filmfestspiele, als Teilnehmer der Straßenfeste oder als Gelegenheitsbesucher.

Berlin, Du Schillernde...

Ich liebe Berlin, die Widersprüchliche, diese besondere Stadt, die Kontraste kultiviert, wie andere Städte die Harmonie pflegen. Sie wird nie eine geleckte, herausgeputzte Kapitale sein, sie ist eine Metropole im Werden, die sich ständig wandelt. Mit ihrem unstillbaren Durst nach Neuem erfindet sie sich immer wieder neu. Mit ihrer Landschaft, die wie zur Zeit Franz Hessels eher „ein Archipel kleiner Städte" ist, gleicht sie einer schillernden Kamee. Ich liebe die plastische Schönheit dieser weißen Stadt,

BERLIN. The name conjures up vivid images of the Great Elector Frederick William, the Huguenots, Frederick and Voltaire, Mendelssohn, the Humboldts, the barricades of the Revolution of 1848, Grosz, Marlene Dietrich, cabaret, the airlift, JFK's "Ich bin ein Berliner" speech, the Wall, the Trabant. Berlin has always given us new food for thought and food for our soul. And Berlin is more than just a capital; it is one of the most striking symbols of modern German history. Unforgettable those incredible days in 1989 when Europe was redefined. I fell in love with Berlin a long time ago, this remarkable, fascinating city. The theatre acted as intermediary. Hungry for spiritual food I made a pilgrimage here to see performances of plays by Bertolt Brecht. The partition of the city, intolerable though this division was, gave us the opportunity to compare two monuments, two models of contemporary theatre. Brecht in the east and Peter Stein at the Schaubühne. I return to Berlin regularly and am animated again and again by the same youthful enthusiasm and the same glowing curiosity. Every time I am enchanted by the magical diversity of the city, be it as President of the Film Festival, participant in the Love Parade or occasional visitor.

Berlin, the Iridescent...

I love Berlin and its contradictions, a city that cultivates contrasts as other cities cultivate harmony. It will never be a polished, spick-and-span capital, but an ever-evolving metropolis, in constant flux, constantly reinventing itself in its unquenchable thirst for innovation. With its landscape more like an archipelago of small towns as at the time of Franz Hessel, it is a lustrous cameo. I love the plastic beauty of this white city, the Wilheminian facades of Schöneberg, the grace of Heiligensee, the inner courtyards of Wedding, the shady avenues in Grunewald, the cobblestones on Käthe Kollwitz Square, the voluminous Shell building,

BERLIN. Lorsque l'on entend ce nom, il nous vient à l'esprit des images fortes: Le Grand Electeur, les Huguenot, Frédéric et Voltaire, Mendelssohn, les Humboldts, les barricades de 1848, Grosz, Marlène, le Cabaret, les bombardiers de raisins secs du pont aérien. Je suis Berlinois, John F.Kennedy, le mur de la honte, la Trabant... Berlin n'a jamais cessé d'enrichir les esprits. Elle est bien plus qu'une capitale, Berlin est un des symboles les plus marquants de notre histoire la plus récente. Qui pourrait oublier ce jour incroyable de novembre 1989, au moment où l'Europe surmontait une crise intérieure. J'ai longtemps vécu à Berlin, cette ville singulière et fascinante. A ce propos, le théâtre y jouait un rôle de médiateur. Le jeune étudiant avide de nourriture spirituelle que j'étais, s'y est rendu en pélerinage afin d'assister aux représentations de quelques pièces de Brecht. Aussi intolérable que fût la division de la ville, elle nous donna cependant la possibilité de comparer deux modèles, deux monuments du théâtre moderne, Brecht à l'Est et Peter Stein à la Schaubühne. Je reviens régulièrement à Berlin et je suis toujours animé par cette même passion juvénile et par cette curieuse ferveur. A chaque fois, je succombe aux nombreux charmes de cette ville, que j'y revienne en tant que président du Festival du Cinéma, en tant que participant à la Love Parade ou en touriste occasionnel.

Berlin, la ville aux multiple facettes...

J'aime Berlin la contradictoire, cette ville particulière qui cultive les contrastes comme d'autres villes apportent un soin tout particulier à l'harmonie. Elle ne sera jamais une capitale «tirée à 4 épingles», décorée, elle est une métropole en devenir, en perpétuelle métamorphose, une ville tellement avide de nouveautés qu'elle recrée sans cesse. Avec son paysage d'archipel de petites villes, comme elle l'était déjà à l'époque de Franz Hessel, elle ressemble à un camée changeant. J'aime la beauté plastique de cette ville blanchâtre,

die wilhelminischen Fassaden in Schöneberg, die Anmut von Heiligensee, die Hinterhöfe im Wedding, die schattigen Grunewalder Alleen, das Kopfsteinpflaster am Käthe-Kollwitz-Platz, das voluminöse Shell-Haus, die pockennarbigen Häuser in Berlin-Mitte, die prachtvollen Villen an der Königsallee, das Leuchten des Himmels, das Helmut Newton so faszinierte, den Sand im Strandbad Wannsee, nicht zu vergessen die Currywurst (mit Pommes) und die Berliner Weiße (mit Schuss)... Trotz seiner Größe ist Berlin eine Stadt für Flaneure – aus ästhetischen und aus intellektuellen Gründen. Hier wandelt man auf den Spuren Walter Benjamins, Kurt Tucholsky oder Gottfried Benn, eine einzigartige Erfahrung, anregend und bereichernd. Berlin ist eine Stadt der Gespenster, die den Besucher auf seinen Wegen geleiten: Wir begegnen Kleist am Wannseeufer, Christopher Isherwood in verruchten Varietés, Döblin auf dem Alexanderplatz, John le Carré in Zwielichtzonen, Chamisso auf der Suche nach seinem Schatten und Fontane in den gepflegten Bürgerhäusern von Friedrichstadt.

Berlin, die Unvergleichliche, lässt niemanden gleichgültig: Sie fordert ungeteilte Bewunderung heraus oder schonungslose Zurückweisung. Sie ist eine Stadt der Leidenschaften, der Extreme, der Exzesse, der Kühnheiten, der Provokationen im Guten wie im Schlechten. Sie hat Geist, Herz und Charakter. Sie ist wandelbar, unberechenbar, geheimnisvoll und verschwiegen. Berlin ist ein Paradoxon, eine Stadt der Brüche und Kehrtwendungen, die sich darin gefällt, ihre Gegensätze zu pflegen. Wenn es stimmt, was Renzo Piano, der das 22-geschossige Debis-Haus entwarf verkündet, ist Berlin ein Gipfel der Ästhetik: „Die Schönheit einer Stadt erwächst aus ihren Widersprüchen". Der ungarische Romancier Péter Esterházy behauptet: „Der Charme dieser Stadt ist ihre Hässlichkeit." Ich meine eher, dass ihre Anziehungskraft auf der produktiven Konfrontation von Epochen und Stilen beruht.

the pock-marked houses in Berlin-Mitte, the sumptuous villas on the Königsallee, the radiant sky so fascinating to Helmut Newton, the sand at the Wannsee lido, not forgetting Currywurst (with chips) and Berliner Weisse (beer with syrup). Despite its size, Berlin is a city for strolling – for aesthetic and intellectual reasons. Here you can trace the footsteps of Walter Benjamin, Kurt Tucholsky or Gottfried Benn, a uniquely stimulating and enriching experience. Berlin is a city of ghosts accompanying the visitor's every step. We meet Kleist on the shores of the Wannsee, Christopher Isherwood in wicked music halls, Döblin on Alexanderplatz, John Le Carré in twilight zones, Chamisso looking for his shadow and Fontane in the elegant patrician dwellings of Friedrichstadt.

Berlin the incomparable leaves nobody indifferent. It demands undivided admiration or pitiless rejection. It is a city of passions, of extremes, of excesses, of daring, provocative in all senses of the word. It is the city of intellect, of the heart and has character. It is changeable, unpredictable, mysterious and secretive. Berlin is a paradox, a city of ruptures and U-turns that makes a point of cultivating its contrasts. If it is true what Renzo Piano says, master of the huge debus-building on Potsdamer Platz, that "The beauty of a city is the fruit of its contradictions", then Berlin is the very epitome of aestheticism. The Hungarian novelist Péter Esterházy claims that "The city's ugliness is the source of its charm." My feeling is that the city's attraction lies in the productive confrontation of epochs and styles. You only have to wander through the streets of the Scheunenviertel or Moabit to become aware of the contrasts that catch the eye again and again. It is this diversity that is so captivating, even if it is not always easy to understand. And although upright straight thoroughfares like Friedrichstrasse, Unter den Linden and Kaiserdamm disturb its grand design, it is the broken line that represents this city best.

les façades remontant à l'époque de l'empereur Guillaume II situées à Schöneberg, la grâce de Heiligensee, les arrière-cours de Wedding, les allées ombragées de Grunewald, les pavés de Käthe-Kollwitz-Platz, l'imposante Schell-Haus, les maisons «grêlées» du Berlin-Centre, les luxueuses villas de la Königsallee, l'éclat du ciel qui fascinait tant Helmut Newton, le sable de la plage de Wannsee, sans oublier les saucisses au curry (servies avec des frites) et la «Berliner Weisse mit Schuss» une bière de froment avec une pointe de sirop de framboise ou d'aspérula. Malgré sa taille, Berlin reste une ville adaptée à ceux qui aiment flâner, d'un point de vue esthétique aussi bien qu'intellectuel. Ici l'on déambule sur les traces de Walter Benjamin, de Kurt Tucholsky ou de Gottfried Benn, c'est une expérience unique en son genre, tonique et enrichissante. Berlin est la ville des revenants qui emmènent le visiteur sur leur chemin: nous rencontrons Kleist au Wannseeufer, Christopher Isherwood à l'infâme théâtre de variétés, Döblin sur l'Alexanderplatz, John le Carré dans les zones de pénombre. Chamisso à la recherche de son ombre et Fontane dans les maisons bourgeoises soignées de Friedrichstadt.

Berlin l'incomparable ne laisse personne indifférent: elle pousse à l'admiration sans bornes ou au rejet sans pitié. Elle est la ville des passions, des extrêmes, des excès, des audaces, des provocations de bon comme de mauvais goût. Elle a un esprit, un coeur et un caractère. Elle est changeante, imprévisible, mystérieuse et discrète. Berlin est un paradoxe, la ville des ruptures et revirements. Si ce que Renzo Piano, le maître de la construction colossale Debis sur la Potsdamer Platz, proclame, est vrai, à savoir: «La beauté d'une ville résulte de ses contradictions», alors Berlin est un summum d'esthétisme. Le romancier Hongrois Péter Esterházy affirme : «le charme de cette ville réside dans sa laideur». Je pense plutôt que l'attrait qu'elle suscite repose sur la confrontation fructueuse des époques et

Man muss nur durch die Straßen des Scheunenviertels oder Moabits gehen, um der Kontraste gewahr zu werden, die den Blick stets von neuem überraschen. Es ist diese Vielfalt, die fesselt, auch wenn sie das Verständnis nicht gerade erleichtert. Und obwohl geradlinige Verkehrsadern wie Friedrichstraße, Unter den Linden und Kaiserdamm die Großzügigkeit ihrer Anlage stören, ist es die gebrochene Linie, die diese Stadt am besten repräsentiert.

Berlin, Du Elegante...

Für mich ist Berlin eine geheimnisvolle Frau, die Natürlichkeit mit Eleganz und Großmut mit Impertinenz vereint. Sie trägt die Züge von Rahel, Rosa, Else, Claire, Marlene, Hildegard, Katharina.... Ein Berlin kann ein anderes, kann viele andere verbergen. Paris bleibt Paris, sagt man, aber Berlin bleibt nie Berlin, so ungreifbar, flüchtig, zwiespältig ist diese rätselhafte Schöne. Sie verführt nicht; sie erobert. Sie bezaubert nicht; sie verhext. Berlin lässt sich nicht bestimmen oder auf einen Nenner bringen, so sehr entzieht sich die Stadt jeder Reduktion ihrer Vielfalt. Sie ist ein Irrlicht, das die Sinne erregt. Man meint, man hat sie verstanden, da zeigt sie wieder ein neues Gesicht, führt in die Irre und stiftet Verwirrung. Dieser Umstand erklärt vielleicht, warum sie, von Lola-Lola bis Damiel, ein Sitz der Engel ist. Berlin bleibt der „siedende Kessel", den Harry Keßler zu Beginn letzten Jahrhunderts beschwor, diese Stadt, „zugleich erbarmungswürdig und verführerisch: grau, schäbig, verkommen, aber doch vibrierend von nervöser Vitalität, gleißend, glitzernd, phosphoreszierend, hektisch animiert, voll Spannung und Versprechen", wie Klaus Mann sie einmal schilderte.

Berlin behagt dieses labile Gleichgewicht, weil es das Leben selber ist. Berlin ist wie eine Seiltänzerin. Der Genius Berlins, dem Ernst Lubitsch so wunderbar Ausdruck verlieh, hat viele Facetten:

Berlin, the Elegant...

For me Berlin is a woman full of mystery, natural and elegant, magnanimous and impertinent all at the same time. It bears the features of Rahel, Rosa, Else, Claire, Marlene, Hildegard, Katharina... One Berlin can mask another, many others. Paris always remains Paris, but Berlin never stays Berlin. The mysterious beauty is so difficult to grasp, so fleeting, so paradoxical. She doesn't seduce, she conquers. She doesn't enchant, she puts a jinx on you. Berlin cannot be defined, its diversity is simply not to be reduced to a common denominator. It is a mirage, a miracle that excites our senses and teases our minds. You think you've begun to understand her, but then she reveals a new feature, misleads you and causes confusion. It is this peculiarity that perhaps explains why Berlin has always been home to angels, from Lola-Lola to Damiel. Berlin remains the seething cauldron conjured up by Harry Kessler at the beginning of the 20th century, a city "both piteous and seductive: grey, shabby, run down, yet vibrant with nervous vitality, glistening, glittering, phosphorescent, hectic and animated, full of tension and promise", as Klaus Mann once described it. Berlin feels comfortable with this unstable balance, it is its very lifeblood. Berlin is a tightrope walker. Berlin's genius, expressed so wonderfully by Ernst Lubitsch, is multi-facetted: an enormous will to live, an uncontrollable appetite for modernity, an inclination towards all that is new, a mocking, provocative lack of respect and a tolerance and hospitality from which thousands of Huguenots profitted in the 17th century having been driven out of France by Louis XIV.

That is why Berlin has a special meaning for the French. Although Berlin sometimes seems so strange, so foreign, so "bizarre", as the writer Wolfgang Büscher put it, a stranger never feels forlorn in this city. It is welcoming, having always been a place of transition, a melting pot both in human terms and intellectually.

styles. Rien qu'en marchant dans les rues des quartiers Scheunen ou Moabit, on remarque les contrastes qui s'avèrent être un étonnement perpétuel pour les yeux. C'est cette diversité qui envoûte même si elle ne facilite pas une compréhension directe. Et, bien que les artères toutes droites telles que la Friedrichstrasse, Unter den Linden et Kaiserdamm incommodent par le style imposant de leur disposition, c'est la ligne brisée qui représente le mieux cette ville.

Berlin l'élégante...

A mes yeux, Berlin est une femme mystérieuse, qui allie le naturel et l'élégance, la magnanimité et l'impertinence. Elle a les traits de Rahel, Rosa, Else, Claire, Marlène, Hildegard, Katharina. Berlin n'est pas unique, elle est multiple. Paris reste Paris, dit-on, mais Berlin ne reste jamais Berlin. Celle belle énigmatique est si impalpable, éphémère, écartelée. Elle ne séduit pas, elle conquiert. Elle ne charme pas, elle ensorcelle. Elle ne se laisse pas dominer, ne laisse pas de consensus s'installer, tant elle esquive à chaque réduction de sa multiplicité. Elle est un feu follet, un prodige qui excite les sens et irrite la raison. On pense qu'on l'a comprise et, à ce moment là, elle dévoile un autre de ses visages, elle égare et suscite le désarroi. Ce fait insolite explique peut être pourquoi elle est le siège de l'ange de Lola-Lola à Damiel. Berlin reste le «chaudron en ébullition» affirmait Harry Kessler au début du siècle. «Cette ville à la fois digne de compassion et séduisante, grise, sordide, délabrée, mais également vibrante d'une vitalité nerveuse, éblouissante, scintillante, phosphorescente, trépidante, pleine de suspense et de promesses», comme l'a dit Klaus Mann.

Berlin satisfait à cet équilibre instable, car c'est l'expression de la vie même. Berlin est un funambule. La Berlin géniale décrite si merveilleusement par Ernst Lubitsch, possède de nombreuses facettes:

einen enormen Lebenswillen, eine unbezähmbare Lust an der Modernität, einen starken Hang zu allem Neuen, eine spöttische, provozierende Respektlosigkeit und eine Toleranz und Gastfreundschaft, von der vor allem im 17. Jahrhundert tausende Hugenotten profitierten, die Ludwig XIV. aus Frankreich vertrieben hatte. Deshalb hat Berlin eine so besondere Bedeutung für die Franzosen. Obwohl Berlin manchmal so fremdartig wirkt, „bizarr", meinte der Schriftsteller Wolfgang Büscher, fühlt man sich als Fremder in dieser Stadt nicht fremd. Sie ist einladend, weil sie seit jeher ein Ort des Übergangs, der Vermischung, der Begegnung war, menschlich wie intellektuell. Die Öffnung nach außen ist ihre Hauptaufgabe. Ich bin froh, dass neben den Türken, den Griechen und den Italienern auch die aus Russland kommenden Juden wieder den Weg nach Berlin gefunden haben und das Viertel um die Oranienburger Straße beleben wie zu Beginn des Jahrhunderts. Berlin hat in der Tat die Funktion einer Brücke zwischen Ost und West. Berlin ist eine Weltstadt. Sie dient als Laboratorium für Ideen und Experimente. Sie gehört nicht nur ihren Bewohnern, sondern auch allen, die sich ihr verbunden fühlen, all jenen, die ihr ein Leben in Freiheit verdanken.

Wir sind alle Berliner. Diese Stadt verfügt über eine ungeheure Energie, die es ihr erlaubt, immer wieder aufzustehen und aufzuerstehen. Aus den Prüfungen, die ihr auferlegt werden, schöpft sie neue Kraft. Dank ihrer Vitalität überstand sie die Verwüstungen des Industriezeitalters, die Verheerungen des Krieges und die Verletzungen der Teilung. Darin besteht ihre Anziehungskraft: in ihrer Fähigkeit, sich allen Herausforderungen zu stellen. Je größer sie sind, desto größer ist auch ihre Entschlossenheit. Und weder an dem einen noch an dem anderen hat es ihr in den vergangenen Jahrhunderten gefehlt.

Its main task is to open itself to outside influences. I am pleased that Jews of Russian origin have found their way to Berlin again, to join the Turks, the Greeks and the Italians, and to bring back to life the area round Oranienburger Strasse as they did at the turn of the century. Berlin has indeed the function of a bridge between east and west. Berlin is a metropolis. It serves as a laboratory for ideas and experiments. It belongs not only to those who live here, but to all who feel attached to it, all those who owe their life in freedom to the city. We are all Berliners. This city has limitless resources of energy, enabling it to resurrect itself time and again. It gains new strength from the trials and tribulations it has overcome. Thanks to its creative vitality, it overcame the destruction of the industrial age, the devastations of war and the injuries of partition. Therein lies its attraction: in its ability to face all challenges. The larger it is, the greater its determination.

Berlin, the Bizarre...

What makes the city so special is the dialectic relationship to history, somewhere between retreat and revolt, between forgetting and remembering. This tension produces controversies, such as that, for example, the rebuilding of the city castle. But it does not lead to paralysis or ossification. On the contrary, it produces a creative, animating dynamism. Berlin is like the brightly coloured wall of the 80s: a gigantic, Baudelarian Palimsest. Actually I find it regrettable that the understandable desire to remove the painful scar from the face of the city as quickly as possible has meant that so little of the wall has been preserved, which would have made it easier for future generations to grasp the aberrations of the Cold War. No monument, however successful, commands the same suggestive power as a real place.

un appétit de vivre énorme, un goût irrépressible pour la modernité, un penchant fort pour la nouveauté, une irrévérence sarcastique et provocatrice, et une tolérance et une hospitalité dont les Huguenots ont profité surtout au XVIIème siècle après que Louis XIV les ait expulsés de France. C'est pour cette raison que Berlin a une signification si particulière pour les Français. Bien qu'elle soit parfois étrange, «bizarre» pensait l'écrivain Wolgang Büscher, l'on se sent dépaysé dans cette ville mais pas étranger. Elle est attrayante, car, de tout temps, elle fut un lieu de passage, de brassage, de rencontre, d'un point de vue humain aussi bien qu'intellectuel. L'ouverture sur l'extérieur est sa mission principale. Je suis heureux de constater, qu'en plus des Turcs, des Grecs et des Italiens, des juifs de Russie reviennent maintenant à Berlin, le quartier de l'Oranienburg Strasse retrouve donc l'animation qu'il connaissait au début du siècle. Berlin a dans les faits, la fonction de pont entre l'est et l'ouest. Berlin est une ville-monde. Elle sert de laboratoire d'idées et d'expériences. Elle n'appartient pas uniquement à ses habitants, mais aussi à tous ceux qui se sentent un lien avec elle, tous ceux qui lui sont redevables de leur liberté.

Nous sommes tous Berlinois. Cette ville a à sa disposition une énergie formidable qui permet de toujours se relever et de renaître. Elle puise une nouvelle force dans les épreuves qui lui sont infligées. Grâce à sa vitalité créatrice, elle surmonte les ravages de l'ère industrielle, les dévastations dues aux guerres et les outrages de la division. L'attrait qu'elle exerce réside dans sa capacité à relever tous les défis. Plus ils sont grands, plus sa détermination est grande également. Elle n'a connu d'échec ni dans l'un, ni dans l'autre durant les siècles passés.

Berlin, Du Bizarre...

Die Besonderheit dieser Stadt liegt in ihrem dialektischen Spannungsverhältnis zur Geschichte zwischen Rückzug und Revolte, zwischen Vergessen und Erinnern. Diese Spannung provoziert Kontroversen, wie man an den Diskussionen um den Wiederaufbau des Stadtschlosses gesehen hat, aber sie führt nicht zu Lähmung und Verknöcherung, im Gegenteil, sie erzeugt eine schöpferische, anregende Dynamik, die man Berlin gleicht der buntbemalten Mauer der achtziger Jahre: einem gigantischen baudelaireschen Palimpsest. Übrigens finde ich es bedauerlich, dass wegen des sehr verständlichen Wunsches, die schmerzende Narbe aus dem Stadtbild schnell zu entfernen, nicht ein größerer Teil der Mauer erhalten blieb, damit nachfolgende Generationen die Verirrungen des Kalten Krieges begreifen können. Denn kein noch so gelungenes Mahnmal gebietet über die suggestive Kraft eines authentischen Ortes.

Berlin, Du Narbige...

Der Kalte Krieg hat in Berlin begonnen. Und er hat in Berlin sein Ende gefunden. Diese Geschichte ist unsere Geschichte, eine gemeinsame, manchmal schmerzliche, manchmal glückliche Geschichte, die uns eint und verbindet. Sie prägt unsere Gegenwart. Sie ist der Humus, auf dem die demokratischen Ideale gediehen, die die Völker Europas in Ost und West gemein haben. Einer der Ausgangspunkte dieser Geschichte war die Luftbrücke, diese außergewöhnliche humanitäre Aktion, die den Zusammenhalt zwischen den Deutschen und der westlichen Welt stärkte und 1998 ihr fünfzigstes Jubiläum feierte. Damals hörte Berlin auf, sich mit dem Militarismus und dem Preußentum zu identifizieren, und hat sich seither zu einem Symbol für die Verteidigung der Freiheit entwickelt. Über die Luftbrücke wurden nicht nur Nahrungsmittel und Kohle transportiert. Die Luftbrücke war ein Sieg aller Europäer.

Berlin, the Scarred...

The Cold War began in Berlin. And the end came in Berlin, too. This bit of history is our history, our shared, sometimes painful, sometimes happy history, uniting us all. It defines our present. It is the humus on which democratic ideals thrive, shared by the peoples of eastern and western Europe alike. One of the starting points of this story was the airlift, this incredible humanitarian campaign that strengthened the ties between Germans and the western world and whose 50th anniversary was celebrated in 1998. Berlin's identification with militarism and Prussian ideals ceased, it became the modern symbol of the defence of liberty. The airlift not only brought food and coal, hope came out of the sky over Berlin, hope that our civilisation now rests on. The airlift was a victory for all Europeans.

Berlin, the Frightening...

Berlin's relationship to history is one of tension. The Brandenburg city and its explosive growth in the 19th century has so shaped our epoch that one could say Berlin is the embodiment of the 20th century, with all its sufferings, its divisions and its most grievous tragedies, but also with the beauty it brought with it, all its dreams and surprises. Berlin is a mirror image of our history and of our continent, a source of dismay but also admiration. I personally have an especially soft spot for Zimmerstrasse, a little street of the Potsdamer Platz. It is the essence of Berlin's history, and thus Germany's and Europe's too. The Prussian State Parliament stands opposite the Martin Gropius building, on the other side of the wall that once divided the city, Göring's airforce ministry (former seat of GDR ministeries and future seat of the Finance Minister), the topography of terror with the headquarters of the SS and the Gestapo. What a sight! The redesign of the city since the fall of the wall is impressive.

Berlin la bizarre...

La particularité de cette ville tient dans son rapport de tension dialectique entre retrait et révolte, entre oubli et souvenir. Cette tension provoque des controverses. Mais cette tension ne conduit pas à la paralysie et à la sclérose, au contraire, elle engendre une dynamique productive et tonique. Berlin ressemble au mur peint de multiples couleurs des années 80. Berlin ressemble à un gigantesque palimpseste baudelairien. Au demeurant, je trouve déplorable que l'on n'ait pas conservé une plus grande partie du mur, même si le désir d'effacer très vite les douloureuses cicatrices de l'image de la ville soit très compréhensible. Les générations futures auraient pu ainsi saisir les égarements de la guerre froide d'une façon concrète, car aucun mémorial si réussi soit-il n'a la force suggestive d'un lieu authentique.

Berlin, couverte de cicatrices...

La guerre froide a commencé à Berlin et elle a pris fin à Berlin. Cette histoire, c'est notre histoire, une histoire commune, parfois douloureuse, parfois heureuse, qui nous unifie et nous relie. Elle a forgé notre époque actuelle. Elle est l'humus dans lequel poussent les idéaux démocratiques, que les peuples européens de l'Est et de l'Ouest ont en commun. L'un des points de départ de cette histoire était le pont aérien, cette action humanitaire extraordinaire qui a renforcé la solidarité entre les Allemands et le monde occidental et qui a célébré son 50 ème anniversaire en 98. A cette époque, Berlin a cessé de s'identifier au militarisme et à la Prusse et s'est transformée depuis en un symbole moderne de défense de liberté. Via le pont aérien, on n'a transporté uniquement que des denrées alimentaires et du charbon, dans le ciel de Berlin est aussi apparu l'espoir, sur lequel repose notre culture. Le pont aérien était le triomphe de tous les Européens.

Berlin, Du Angstmachende...

Das Verhältnis Berlins zur Geschichte ist ungeheuer spannend. Die brandenburgische Stadt, die sich im 19. Jahrhundert außerordentlich entwickelte, hat unsere Epoche so sehr geprägt, dass man behaupten könnte, Berlin verkörpere das 20. Jahrhundert mit all seinem Leid, seiner Zerrissenheit und seinen schlimmsten Tragödien, aber auch mit all dem Schönen, das es mit sich brachte, all seinen Träumen und Überraschungen. Berlin ist ein Abbild unserer Geschichte und unseres Kontinents, das uns in Bestürzung und in Bewunderung versetzt. Ich persönlich hege eine ganz besondere Vorliebe für die Zimmerstraße, eine kleine Straße des Potsdamer Platzes. Dieser Ort ist ein Kondensat der Geschichte Berlins, also Deutschlands, also Europas: Dort steht der Preußische Landtag dem Martin-Gropius-Bau gegenüber, auf der anderen Seite der Mauer, die hier einst die Stadt teilte, Görings Luftfahrtministerium (der ehemalige Sitz der DDR-Ministerien und heutige Sitz des Finanzministers), der Topographie des Terrors mit dem SS- und dem Gestapo-Hauptquartier. Welch ein Anblick! Die städtische Umgestaltung, die Berlin seit dem Fall der Mauer erfährt, ist beeindruckend. Das Werk, das an den Ufern der Spree vollbracht wurde, ist gigantisch und erfüllt mich mit Bewunderung, auch wenn das Konzept nicht jedem gefällt. Doch dieser architektonische Wandel steht in der Berliner Tradition, dem Ganzen neue Elemente hinzuzufügen.

Berlin, Du Bewunderte...

Der politsch-urbane Umbruch wirft eine quälende Frage auf, die die Köpfe und Zeitungen diesseits und jenseits des Rheins beschäftigt: Muss man vor Berlin und der Berliner Republik Angst haben? Im Gegensatz zu den Franzosen nämlich, die ihre Republiken kartesianisch numerieren, taufen die Deutschen sie, was sehr

The work created on the banks of the Spree is gigantic and fills me with admiration, even if the idea of a "critical reconstruction" that enjoys not everyone. Architectural change has always been part of the Berlin tradition of adding new elements to a determinedly disparate whole.

Berlin, the Admired...

The political move to Berlin and the transition it signals throws up the nagging question that has been occupying minds and the newspapers on both sides of the Rhine: should one be afraid of the Berlin Republic? In contrast to the French custom of numbering their republics in a Cartesian formula, Germans give theirs the names of cities, which is much more poetic: so after Weimar and Bonn, it's Berlin's turn. This name, according to Martin Walser "just a label", must be understood as the expression of a wish. To overcome 50 years of conflict and division, not just of Berlin and of Germany, but of the whole of Europe. So moving the country's capital from the banks of the Rhine (just a stone's throw from France) to the banks of the Spree (80 kilometres from Poland) seems to me just as natural as German reunification, of which the move is both the symbol and the materialization. It also signals a realization of the new reality and the new balance that Europe has rediscovered in the last 15 years. Berlin was the symbol of a divided continent, now it is an emblem of a new Europe searching for itself.

Berlin, the Torn...

Moving the capital raises a question mark neither about Germany's firm base in the west, nor about its determined advocation of a European "house". The federally structured German democracy has proven its stability as well as its transparency, they have in common with the new Reichstag, in which Paul Wallot's massive base is crowned by Norman Foster's shining, transparent dome.

Berlin, l'angoissante...

La relation de Berlin à l'histoire est extrêmement captivante. La ville du Brandebourg qui s'est développée de façon extraordinaire au XIXième siècle, a si fortement frappé notre époque que l'on pourrait affirmer que Berlin incarne le XXième siècle avec toute sa peine, son déchirement intérieur et ses tragédies les plus graves, mais aussi avec toutes les beautés qu'elle a amené avec elle, tous ses rêves et surprises. Berlin est l'illustration de notre histoire et de notre continent qui suscite en nous consternation et admiration. Personnellement, j'ai une prédilection toute particulière pour la Zimmerstrasse, une rue à la Potsdamer Platz. Ce lieu est un condensé de l'histoire de Berlin, mais aussi de celle de l'Allemagne et de l'Europe. Là-bas se trouve le Landtag prussien en face du bâtiment Martin Gropius. De l'autre côté du mur qui a jadis séparé ici la ville en deux, se trouvent le ministère de l'aviation de Göring (l'ancien siège des ministères de RDA et l'actuel siège du ministère des finances) et la topographie de la terreur avec les quartiers généraux des SS et de la Gestapo. La reconstruction urbaine dont fait l'expérience Berlin depuis la chute du mur est impressionnante. Le chef d'œuvre qui fut accompli sur les berges de la Spree est gigantesque et me remplit d'admiration, même lorsque le concept de «reconstruction critique» ne plaît pas à chaun. Cependant, cette modification architectonique se trouve dans la tradition berlinoise ajoutant de tout nouveaux éléments hétéroclites.

Berlin, l'admirée...

Le profond changement politique et urbain soulève une question lancinante qui occupe les esprits et les journaux des deux côtés du Rhin: doit-on avoir peur de Berlin et de la république Berlinoise? Au contraire des Français qui numérotent de façon cartésienne leurs républiques, les Allemands les baptisent du nom d'une ville (ce qui est très poétique), après Weimar et Bonn,

viel poetischer ist, auf den Namen einer Stadt: nach Weimar und Bonn ist jetzt also die Stadt Berlin an der Reihe. Wir sollten diesen Namen, der laut Martin Walser „bloß ein Etikett" ist, als einen Ausdruck des Wunsches verstehen, 60 Jahre Zerrissenheit nicht nur Berlins und Deutschlands, sondern auch Europas zu überwinden. Deshalb erscheint mir die Verlegung der Hauptstadt vom Rheinufer (einen Katzensprung von Frankreich) an die Ufer der Spree (80 Kilometer von Polen) ebenso natürlich wie die Wiederherstellung der deutschen Einheit, deren Symbol und Konkretisierung dieser Umzug ist. Außerdem trägt er der neuen Wirklichkeit und dem neuen Gleichgewicht Rechnung, das Europa in den letzten zwanzig Jahren wiedergefunden hat. Berlin war das Symbol eines gespaltenen Kontinents, jetzt ist es ein Emblem eines neuen Europas auf der Suche nach sich selbst.

Berlin, Du Zerrissene...

Die Verlegung der Hauptstadt stellt weder die Verankerung Deutschlands im Westen in Frage, noch sein entschiedenes Eintreten für ein europäisches Haus. Die föderalistisch strukturierte deutsche Demokratie hat ihre Stabilität ebenso bewiesen wie ihre Transparenz, zwei Charakteristika, die sie mit dem neuen Reichstag gemein hat, bei dem das massive Gerüst Paul Wallots von der glänzenden, durchsichtigen Kuppel Norman Fosters gekrönt wird.

Berlin, Du Europäische...

Berlin wird das Bild Deutschlands und das Denken seiner Regierenden verändern. Das Leben in der Metropole wird ein anderes Weltbild entstehen lassen als Bonn, das gemütliche Bundesdorf. Sie werden den täglichen Sorgen der Deutschen, besonders in den neuen Ländern, näher sein und gleichzeitig die weltweiten Probleme besser ver-

Berlin, the European...

Berlin will change the image of Germany and the thinking of those in government. A different view of the world will evolve during life in the metropolis, different from Bonn, the cosy government "village". They will be closer to the daily cares of Germans especially in the former GDR, and at the same time will understand worldwide problems better. They will develop a capital culture, which is more open, more cosmopolitan, more modern, worthy of a cultural capital which Turgenev lauded as a refuge of European life. One of the great tasks of today is the integration of the young democracies of the east into European civilization. Berlin has a few important trumps up its sleeve: three large opera houses, nearly 50 theatres, well over 100 museums, 200 cinemas, 200 galleries.

The choice of Berlin as the new capital is "a new start", to use a phrase coined by the historian Fritz Stern. But it is also a challenge and a promise: a challenge to integrate a disparate whole, and a promise of a united, solidaric, flourishing and peaceful Europe. The attractive force of Berlin will become a pole of stability on our continent. Berlin and Europe need each other. The capital of Germany is one of the nerve centres of an inventive, creative, open, individualistic Europe. Berlin is the right place to experience the diversity and wealth of European civilization and its invaluable culture

maintenant c'est le tour de Berlin. Nous devrions comprendre ce nom qui selon Martin Walser est «une simple étiquette», comme l'expression d'un désir. Il faut maintenant surmonter 50 ans de discordes non seulement à Berlin et en Allemagne, mais aussi en Europe. C'est pourquoi le transfert de la capitale du bord du Rhin (à un saut de puce de la France) sur les rives de la Spree (à 80 km au nord de la Pologne) m'apparaît aussi naturel que la reconstruction de l'unité allemande, dont elle est le symbole et la concrétisation via ce transfert. Par ailleurs, il tient suffisamment compte de cette nouvelle réalité et de ce nouvel équilibre que l'Europe a retrouvés ces quinze dernières années. Berlin était le symbole d'un continent divisé, aujourd'hui elle est l'emblème d'une nouvelle Europe qui part à la recherche d'elle même.

Berlin, la déchirée...

Le transfert de la capitale ne remet en question ni l'ancrage de l'Allemagne, ni son entrée énergique dans la construction Européenne. La démocratie allemande structurée en Etats fédéraux a également prouvé aussi bien sa stabilité que sa transparence, deux caractéristiques qu'elle a en commun avec le nouveau Reichstag dont l'échafaudage de Paul Wallot a été couronné par le brillant et transparent dôme de Norman Foster.

Berlin, l'Européenne...

Berlin va changer l'image de l'Allemagne et la pensée de ses dirigeants. La vie dans la métropole donnera naissance à une vision du monde différente de celle de Bonn, le confortable village fédéral. Ils seront plus proches des préoccupations quotidiennes des Allemands, particulièrement dans les nouveaux Länder et en même temps ils comprendront mieux les problèmes à l'échelle mondiale.

stehen.

Sie werden sich eine „Hauptstadtkultur" aneignen, die offener, kosmopolitischer, moderner ist, einer Kulturhauptstadt würdig, die Turgenjew als einen Hort des europäischen Lebens pries. Eine der großen aktuellen Aufgaben ist die Integration der jungen Demokratien des Ostens in den europäischen Kulturraum. Berlin hat dafür ein paar entscheidende Trümpfe zu bieten: drei große Opern, fast 50 Theater, weit über 100 Museen, 200 Kinos, 200 Galerien.

Die Wahl Berlins zur Hauptstadt ist, um eine Bemerkung des Historikers Fritz Stern aufzugreifen, „ein neuer Anfang". Aber sie ist auch Herausforderung und Verheißung: Herausforderung der Integration eines disparaten Ganzen und Verheißung eines einigen, solidarischen, blühenden und friedlichen Europas. Die Anziehungskraft Berlins wird zu einem Pol der Stabilisierung unseres Kontinents werden. Berlin und Europa brauchen einander. Die deutsche Hauptstadt ist eines der Nervenzentren eines erfinderischen, schöpferischen, offenen, eigenwilligen Europas. Berlin ist der richtige Ort, um die Vielschichtigkeit und den Reichtum der europäischen Kultur zu begreifen.

Ansicht von Berlin-Cölln um 1655. Radierung von N. Vischer

Ils s'approprieront une « culture de la capitale », une culture plus ouverte, plus cosmopolite, plus moderne, une capitale culturelle respectable dont Tourgueniew chanta les louanges en tant que havre pour la vie européenne. Une des plus importantes tâches actuelles est l'intégration des jeunes démocraties de l'Est dans un espace culturel européen. Dans ce but, Berlin a quelques atouts déterminants à proposer: 3 grands opéras, presque 50 théâtres, largement plus de 100 musées, 200 cinémas, 200 galeries.

Le choix de Berlin pour capitale est selon une remarque de l'historien Fritz Stern, «un nouveau départ». Mais, c'est aussi un défi et une promesse: le défi d'intégrer un tout disparate et la promesse d'une Europe unie, solidaire, florissante, pacifique. L'attrait pour Berlin se transformera en un pôle de stabilité de notre continent. Berlin et l'Europe ont besoin l'une de l'autre. La capitale allemande est un des centres nerveux d'une Europe imaginative, créative, ouverte, volontaire. Berlin est l'endroit idéal pour comprendre la diversité et la culture de la richesse européenne.

BERLIN, Blick vom Berliner Schloss zum Lustgarten (Stahlstich 19. Jh.)

Das Tor war 1791 erbaut worden. Es sah fortan die festlichen Einzüge der Kaiserzeit, die siegreichen aber auch die geschlagenen Truppen während des Ersten Weltkrieges, die Revolutionskämpfe 1918, den Fackelzug der SA am 30. Januar 1933, die Besetzung Berlins durch die Sowjetische Armee, den Mauerbau am 13. August 1961, tanzende junge Menschen aus aller Welt auf der Mauer nach der Öffnung am 09. November 1989 und eine überschwängliche Silvesterfeier im gleichen Jahr sowie tausende von Menschen am Tag der Vereinigung am 3. Oktober 1990.

The gate was built in 1791. It has since witnessed the festive entries into the city in the imperial Period, the victorious, but also the defeated troups of World War I, the revolutionary fights of 1918, the torchlight procession of the SA on January 30, 1933, the occupation of Berlin by the Soviet army, the building of the Wall on August 13, 1961, young people from all over the world dancing on the Wall after its opening on November 9, 1989, and a rambunctious New Year´s celebration in the same year, as well as thousands of people on the day of reunification, October 3, 1990.

La porte fut érigée en 1791. La Porte vit ensuite les parades solennelles de l'époque impériale, les troupes victorieuses, et puis vaincues de la Première Guerre mondiale, les combats révolutionnaires de 1918, le cortège de flambeaux des SA le 30 janiver, 1933, l'occupation de Berlin par l'armée soviétique et l'érection du mur le 13 août 1961. Elle vit aussi des jeunes du monde entier danser le 9 novembre 1989 sur le mur ouvert, la célébration d'une Saint-Sylvestre frénétique la même année et le 3 octobre 1990, jour de la réunification.

△ REICHSTAGSGEBÄUDE

▽ BUNDESKANZLERAMT

Der Umbau des Reichstagsgebäudes zum Tagungsort für den Bundestag wirkt als das sinnfällige Symbol für die Verlagerung der politischen Gewichte der Republik von Bonn nach Berlin. Die massive Umgestaltung der Stadtarchitektur vor allem im Ostteil ist sichtbarer Ausdruck der Hoffnung in die wirtschaftliche Strahlkraft Berlins. Am 19. April 1999 wurde das nach den Plänen von Sir Norman Foster umgebaute Reichstagsgebäude vom Deutschen Bundestag übernommen. Die gläserne Kuppel, Wahrzeichen des Gebäudes, ist auch für Besucher begehbar.

The redesign of the Reichstag building as the place where the Federal government now convenes is an unmistakable symbol of the transition of power in the Republic from Bonn to Berlin. The momentous changes to the city's architecture, especially in the east, are a visible expression of the hopes invested in Berlin's economic strength and the influence to emenate from it to the surrounding area. On 19th April 1999 the German Bundestag held its inaugural session in the building redesigned by Sir Norman Foster. The glass dome is open to the public.

La reconstruction du Reichstag, nouveau lieu de réunion du Bundestag, est le symbole incontestable du transfert du pouvoir politique de Bonn à Berlin. La modification importante de l'architecture urbaine, particulièrement dans le quartier est, exprime clairement le désir que la ville de Berlin désormais une puissance économique rayonnante. Le 19 avril 1999, le Deutsche Bundestag emménagea dans les nouveaux bâtiments du Reichstag, construits selon les plans de Sir Norman Foster. La coupole de verre est également accessible au public.

Das Gebäude hat wieder eine Glaskuppel erhalten, jedoch nicht in der ursprünglichen, historischen Form, sondern in der Architektur des ausgehenden 20. Jahrhunderts. Die Kuppel erfüllt drei Funktionen: Eine Besucherplattform lädt zu einem Rundblick über Berlin ein; zugleich sorgt ein licht- und lüftungstechnisches Kegelelement in der Glas- und Stahlkonstruktion der Kuppel für natürliche Belichtung und Belüftung. Und die von innen beleuchtete transparente Kuppel verhilft der Bundeshauptstadt Berlin zu einem neuen Wahrzeichen.

The building again has a glass dome, not, however, in the original historical form but in the architectural style of the late 20th century. The dome has three functions: A viewing platform offers visitors a panorama of Berlin; at the same time a cone-shaped technical feature incorporated into the steel and glass dome construction provides the building with natural light and ventilation. And finally, the internally lit transparent dome is intended to be a new symbol and landmark of the federal capital.

L'édifice a retrouvé sa coupole de verre, non pas dans sa forme historique d'origine, mais dans le style architectural de la fin du XXe siècle. La coupole remplit trois fonctions: une plate-forme où les visiteurs peuvent admirer une vue panoramique de Berlin. Elle intègre également un élément conique dans la structure même de verre et d'acier qui pourvoit en aération et lumières naturelles. Enfin, cette coupole transparente, illuminée de l'intérieur, donnera un nouvel emblème à Berlin.

Mit dem Umbau der Parlaments- und Regierungsgebäude ist eine Symbiose von historischen und modernen Neubauten gelungen, welche die neuesten Standards in Bezug auf die Umwelt berücksichtigen. Das Bundeskanzleramt ist 2001 komplett neu entstanden, der Bundestagskomplex umfasst acht alte und neue Gebäude. Der Sitz des Bundesrates befindet sich in der architektonischen Sehenswürdigkeit eines ehemaligen preußischen Herrensitzes von 1904. Das Auswärtige Amt ist in der ehemaligen Deutschen Reichsbank zu finden. Das Ministerium der Finanzen belegt den

The new parliament and government buildings form a successful symbiosis of old historic and new modern buildings that meet the highest environmental standards. The Upper House of the German Parliament convenes on a site of architectural interest, a former Prussian mansion dating from 1904. The Foreign Office is to be found in the former German State Bank, and the Finance Ministry is situated in the complex of the former Ministry of Aviation, built in 1935/6. It was from here that Hermann Göring, second-in-command in the Third Reich,

Le nouveau Parlement et le complexe du gouvernement offre une association réussie d'édifices historiques et modernes, ceux-ci ayant été construits selon les dernières normes écologiques. Le siège du Conseil fédéral est établi dans une ancienne résidence privée prussienne de 1904, le ministère des Affaires Étrangères dans l'ancienne banque « Deutsche Reichsbank », tandis que le ministère des Finances occupe l'édifice du ministère de l'Air du Reich, construit en 1935/1936, d'où Hermann Göring exerça son pouvoir durant le régime hitlérien.

△ Bundeskanzleramt am Spreebogen　▽ Bürogebäude des Bundestages　△ Sitz des Bundesrates　▽ Auswärtiges Amt

Gebäudekomplex des 1935/36 erbauten Reichsluftfahrtministeriums. Von hier übte Hermann Göring während des Naziregimes seine Macht aus. Das Gebäude blieb, als eines der wenigen, im Krieg verschont. Das Ministerium des Innern bezog ein Gebäude auf dem Gelände der einstigen Molkerei Bolle.Im ehemaligen Invalidenhaus von 1748 fand das Bundesministerium für Wirtschaft und Technologie Platz. Das wichtigste Investitionsressort der Bundesregierung für Verkehr, Bau und Stadtentwicklung befindet sich in einem traditionsreichen Gebäude von 1878.

wielded power during the Nazi regime. This building was one of the few that remained undestroyed in the war. The Ministry of the Interior moved into a building on premises once occupied by the Bolle Dairy. The Federal Ministry for Economy and Technology was set up in the former Invalidenhaus of 1748. The Federal Ministry of Transport, Building and Urban Development is situated in an historic building dating from 1878.

Ce bâtiment est un des rares de Berlin à ne pas avoir été détruit durant la Seconde Guerre mondiale. Le ministère de l'Intérieur s'est installé dans les bâtiments de l'ancienne laiterie Bolle. L'ancien hospice « Invalidenhaus » abrite le ministère de l'Économie et de la Technique. Un édifice historique de 1878 a accueilli l'important ministère de l'Équipement, des Transports et de l'Urbanisme.dont la Chancellerie à l'architecture innovatrice.

△ Bundesministerium der Finanzen  ▽ BM für Wirtschaft und Technologie △ BM des Inneren  ▽ BM für Verkehr, Bau u. Stadtentwicklung

Berlin war schon im 19. Jahrhundert mit einem gut ausgestatteten Eisenbahnnetz versorgt, das am Anfang des 20. Jahrhunderts als vorbildlich galt. Die Entwicklung wurde zwar durch den Mauerbau jäh unterbrochen, doch nun hat die Stadt mit dem 2006 neu eröffneten Hauptbahnhof an ihre Eisenbahn-Tradition angeknüpft. Mit seiner filigranen Architektur ist der neue Bahnhof dennoch eine Haltestelle der Superlative, als spektakuläres Bauwerk ebenso wie als Verkehrsknotenpunkt .

In the 19th century Berlin was provided with a very well-equipped railway network that was regarded as a model project at the beginning of the 20th century. The building of the Berlin Wall, however, put an abrupt end to the network's development. Now transport communications in Berlin have once more improved with the opening of the new Central Station, and can again claim their former exemplary status. With its filigree architecture, this new building is a station of superlatives, not only regarding its spectacular design but also its efficiency.

Dès le XIXe siècle, Berlin bénéficiait d'un bon réseau de chemin de fer , qui devint un modèle en son genre au début du XXe siècle. Mais son développement fut brutalement interrompu par la construction du Mur. Quinze ans après la réunification des deux parties de la ville, on a célébré récemment l'inauguration de la nouvelle gare centrale qui témoigne de la poursuite de l'évolution ferroviaire. La gare à l'architecture avant-gardiste mérite l'attribut de superlatif, tant par ses dimensions spectaculaires que par son volume d'exploitation.

Bundespräsidentensitz

SCHLOSS BELLEVUE und Siegessäule

In die Parklandschaft eingebettet ist das Schloss Bellevue am Spreeweg, das seit 1959 Amtssitz des Bundespräsidenten ist. Das von Michael Philipp Boumann 1785-1787 errichtete Schloss ist kunstgeschichtlich hochinteressant. Der am Ende des Barocks entstandene Bau deutet bereits auf den Klassizismus hin. Sichtbares Zeugnis des neuen Stiles ist der ovale Festsaal, den Carl Gotthard Langhans entwarf. Das Schloss war für August Ferdinand von Preußen, den jüngsten Bruder Friedrichs des Großen, errichtet worden.

Bellevue Palace, Statue of Victory

Nestled in a park, Bellevue Palace on the Spree has been the official seat of the president of the Ferderal Republic since 1959. The palace, designed in 1785-87 by Michael Philipp Boumann, occupies an interesting place in the history of art. Built at the end of the Baroque period, it already incorporates neoclassical elements. Evidence of this is the oval banquet-hall designed by Carl Gotthard Langhans. The place was built for Frederick the Great's youngest brother.

Château Bellevue, Colonne Victoire

Le château de Bellevue qui se dresse au milieu d'un beau paysage, est le siège officiel du président de la République fédérale depuis 1959. L'édifice érigé par Michael Philipp Boumann entre 1785 et 1787 a une position très intéressante dans l'histoire de l'art. Construit à la fin de l'époque baroque, il tend déjà vers le classicisme comme le montre la salle des fêtes ovale, oeuvre de Carl Gotthard Langhans. Le château fut érigé pour le plus jeune frère de Frédéric le Grand.

22

Das älteste Gebäude auf dem Ende des 17. Jh. angelegten Platz ist die Französische Friedrichstadtkirche, 1705 erbaut und 1905 umgebaut; ihre Kriegsschäden wurden 1978 bis 1983 behoben. Ihr gegenüber an der Südwestecke steht die 1705 erbaute ehemalige Neue Kirche der deutschen Gemeinde, deren schwere Kriegsschäden vergessen sind. Auf Geheiß König Friedrichs des Großen bekamen beide Kirchen 1780-85 Kuppeltürme und die Bezeichnung Französischer und Deutscher Dom, nach einem Entwurf von Carl von Gontard im klassizistischen Stil.

The oldest building on the Gendarmenmarkt, a square laid out at the end of the 17th century, is the French Friedrichstadtkirche. Built in 1705, it underwent alterations in 1905 and after suffering damage during the war, was restored between 1978 and 1983. Opposite the church, on the south-west side, stands the former new church of the German congregation, built in 1705. It likewise suffered severe war damage but its exterior has since undergone renovation. On the orders of Frederick the Great, domed towers designed by Carl von Gontard.

Sur cette place aménagée fin de XVIIe siécle, l'édifice le plus ancien est la Französische Friedrichstadtkirche. Construite en 1705 et transformée en 1905, elle fut endommagée pendant la guerre et les travaux de rénovation ont été entrepris entre 1978 et 1983. En face se dresse une église construite en 1705 dont l'ancien nom était Neue Kirche. En 1780, conformément au souhait de Frédéric le Grand, les deux églises furent coiffées d'une tour à coupole d'après les plans de Carl von Gontard : le Französischer Dom et le Deutscher Dom.

Nach 400 km, entsprungen im Lausitzer Bergland, beendet die Spree in der Havel ihren Verlauf. Wegen ihres geringen Gefälles fließt sie behäbig mitten durch die Großstadt Berlin, vorbei an historischen Stätten. Sie bildete eine spannende Grenze zwischen West und Ost, was heute an der Mühlenstraße dokumentiert wird. Die Museumsinsel und der Lustgarten werden von der Spree umrahmt, vorbei am Schiffbauerdamm und dem Reichstagsufer grüßt sie das Bundeskanzleramt. Schloss Bellevue bietet sie eine besondere Atmosphäre und verlässt über Charlottenburg die Innenstadt.

The River Spree, whose source lies 400 km away in the Lausitz highlands, ends in Berlin where it joins the Havel. With its low incline, it flows sluggishly through the city centre, past many historic sites. It once marked the notorious border between East and West Berlin, now impressively documented in Mühlenstrasse. The Spree frames the Museum Island and the Lustgarten, then flows past Schiffbauerdamm, the Reichstagsufer and the Federal Chancellery. It lends a special atmosphere to Schloss Bellevue before leaving the city centre in Charlottenburg.

La Spree qui prend sa source dans les monts de la Lusace se jette dans la Havel après un cours de 400 km. La rivière coule paresseusement à travers Berlin, ses rives bordées d'édifices historiques importants. Elle constituait en partie la frontière entre Berlin-Est et Berlin-Ouest, ce qui est documenté aujourd'hui à la Mühlenstrasse. Entourant l'île aux musées et le Lustgarten, la Spree longe le Schiffbauerdamm et salue le Bundeskanzleramt (Chancellerie) sur la rive du Reichstag. Après avoir dépassé le superbe château de Bellevue, elle quitte le centre ville par le quartier de Charlottenburg.

Mit Bauten wie dem Friedrichstadtpalast und dem 1987 eröffneten Grand Hotel versuchte die DDR, den Weltstadt-Boulevard Friedrichstraße wiederauferstehen zu lassen. Bis zur Wende 1989 hatte sich die Friedrichstraße in eine Großbaustelle verwandelt. Nach 1989 wurden die Bauvorhaben in noch stärkerem Maße in die Tat umgesetzt. Zahlreiche Hotels, Restaurants, Verlage, Banken u. a. siedelten sich hier an, so dass heute die Friedrichstraße wieder im alten Glanz erstrahlt und der Besucher zahlreiche Möglichkeiten für exklusiven Einkauf und Unterhaltung findet.

The GDR tried to bring back the glory of cosmopolitan Friedrichstrasse with buildings like the Friedrichstadt Palace and the Grand Hotel, which opened in 1987. By the time the Wall came down in 1989, Friedrichstrasse had become a huge building site. After '89 building went on even more vigorously. Hotels, restaurants, publishing houses, banks etc. wanted to establish themselves here. Today, all the former glory has returned, with exclusive shops and entertainment offering visitors countless opportunities to enjoy themselves.

Avec des monuments tels que le palais Friedrichstadtpalast et le Grand Hôtel inauguré en 1987, la RDA a cherché à faire revivre le « Grand Boulevard » Friedrichstrasse. Jusqu'en 1989, année du changement, la Friedrichstrasse ressemblait à un immense chantier. Après 1989, les travaux ont pris une envergure encore plus considérable. De nombreux hôtels, restaurants, maisons d'édition, banques etc. voulaient s'implanter ici, si bien qu'aujourd'hui, la Friedrichstrasse a retrouvé sa splendeur passée. Le visiteur a tout le loisir d'y découvrir les boutiques et les lieux de divertissement variés.

Die Treppe wirkt wie eine Himmels-
leiter, wie geschaffen für die Götter
des Showbiz´ im Las-Vegas-Stil, die hier
zu ihrer Fan-Gemeinde herabsteigen
könnten. Im „Quartier 206" in der
Friedrichstraße 71 geht es auch um
Entertainment: um die große Shop-
ping-Show. — Der Checkpoint Charlie
war einer der bekanntesten Berliner
Grenzübergänge durch die Berliner
Mauer zwischen 1961 und 1990. Er
verband in der Friedrichstraße zwischen Zimmerstraße und Kochstraße
den sowjetischen mit dem US-ameri-
kanischen Sektor.

◁ **Friedrichstadt Passage**

The staircase looks like a celestial ladder
in the style of Las Vegas, on which the
gods of showbiz could descend to their
fan clubs. Quartier 206's business is
entertainment: a great shopping show.
— Checkpoint Charlie "Checkpoint C"
was the name given by the Western
Allies to the best-known Berlin Wall
crossing point between East Germany
and West Germany during the Cold War.

◁ **Friedrichstadt-Passage**

Un escalier, une échelle conduisant directement au ciel, comme si elle avait été
spécialement conçue pour les dieux du
Showbiz dans le style de Las-Vegas qui,
d'ici, descendraient directement là où les
attendent leurs fans. Le « Quartier 206 »
nous offre également du divertissement:
le grand spectacle des achats. — Après
l'effondrement du Troisième Reich en
1945, l'Allemagne est devenue un pays
occupé. Les quatre zones d'occupation
qui se répartirent sur le territoire allemands, y compris sur sa capitale Berlin,
se regroupent bientôt en deux blocs
antagonistes.

Friedrichstraße, Checkpoint Charlie ▷

Viele geniale Architekten haben das Gesicht Berlins geprägt. Die Barockbaumeister Andreas Schlüter und Georg Wenzeslaus von Knobelsdorff gehörten zur Zeit des Rokoko zu den bedeutendsten Künstlern ihrer Art. Kein anderer aber schuf so bestimmende Werke wie der in Neuruppin geborene Karl Friedrich Schinkel – Musterbeispiele des Klassizismus wie die Neue Wache, das Neue Schauspielhaus am Gendarmenmarkt, das Alte Museum oder die Nikolaikirche in Potsdam. Schinkels Architektur wurde zum Staats-Stil des erstarkenden Preußen nach dem Sieg über Napoleon im 19. Jahrhundert.

Many architects of great genius have shaped Berlin. The baroque master architects Andreas Schlüter and Georg Wenzeslaus von Knobelsdorff of the rococo period are two of the most significant. Yet none of them created such definitive works as Karl Friedrich Schinkel from Neuruppin - textbook examples of classicism like the Neue Wache, the New Playhouse on the Gendarmenmarkt, the Old Museum or Church of St. Nicholas in Potsdam. Schinkel's style became the hallmark of state architecture, as Prussia rose to power after the victory over Napoleon.

De nombreux architectes géniaux ont modelé le visage de Berlin. Andrea Schlüter et Georg Wenzeslaus von Knobelsdorff, passés maîtres dans l'art baroque au temps du rococo, font partie des plus remarquables. Nul autre, à part Karl Friedrich Schinkel né à Neuruppin, n'a accompli de travail aussi déterminant. Des exemples typiques du classicisme : la Nouvelle Garde, le nouveau théâtre sur le Gendarmenmarkt, le vieux musée ou l'église Saint-Nicolas à Postdam. L'architecture de Schinkel fit office de style d'État de la Prusse en pleine ascension après la victoire contre Napoléon.

Für den westlichen Abschluss der Straße Unter den Linden entwarf der bedeutendste deutsche Architekt des 19. Jahrhunderts, Karl Friedrich Schinkel, die 1822-1824 erbaute Schlossbrücke. Die acht Marmorgruppen auf den hohen Postamenten zeigen das Leben eines Kriegers unter der Leitung der Göttinnen Nike, Minerva, Iris und Pallas Athene. Die Brücke überspannt die Spree. Hier legen die Flussfahrtschiffe an, mit denen man interessante Stadtrundfahrten auf den umfangreichen Wasserstraßen durch Berlin unternehmen kann.

The western terminus of the boulevard Unter den Linden, the Schlossbrücke, built in 1822-1824, was designed by the most important German architect of the 19th century, Karl Friedrich Schinkel. The eight marble groups of statues on high pediments depict the goddesses Nike, Minerva, Iris and Pallas Athene. The bridge spans the River Spree, and here there is a mooring-place for the river steamers which cruise along Berlin's numerous waterways, offering visitors interesting sightseeing tours of the city.

Le pont « Schlossbrücke » qui ferme le boulevard Unter den Linden à l'ouest, a été bâti entre 1822 et 1824 par Karl Friedrich Schinkel, le plus grand architecte allemand du XIXᵉ siècle. Les huit statues en marbre perchées sur de hauts piédestaux figurent les déesses Nike, Minerva, Iris et Pallas Athene. Le pont franchit la Spree. C'est ici que font escale les bateaux permettant de faire d'intéressants tours de la ville sur les multiples voies navigables de Berlin.

Der Berliner Dom

Der Dom wurde unter Kaiser Wilhelm II. von Julius Raschdorff geplant und von 1894 bis 1905 errichtet. Immer wieder von Kunsthistorikern als Verfall der Baukunst kritisiert, findet der Dom erst heute als Dokument der Bauweise in der Kaiserzeit seine baugeschichtliche Einordnung. Der im Stil der italienischen Hochrenaissance gestaltete Dom wurde während des Zweiten Weltkrieges schwer beschädigt. Der Wiederaufbau begann 1974. Innen wurde der Dom erst 1997 endgültig fertiggestellt. In der Gruftkirche befinden sich fast 100 Hohenzollernsärge, darunter Sarkophage, die Andreas Schlüter entworfen hat.

BERLIN CATHEDRAL

Sponsored by Emperor Wilhelm II, Julius Raschdorff was contracted to do the planning. The church was erected between 1894 and 1905. Art historians have called it a decline in achitecture and only recently has it been granted its proper place in the history of architecture as a typical example of building in the Imperial Period. Built in the Italian High Renaissance style, it was heavily damaged in World War II. Reconstruction began in 1974. The crypt contains more than 100 coffins of the Hohenzollern, among them sarcophagi designed by Andreas Schlüter.

LA CATHEDRALE DE BERLIN

Les historiens d'art ont longtemps considéré la cathédrale comme un document de la décadence architectonique avant de lui accorder une place dans l'histoire de l'architecture de cette époque. L'édifice en style de la Renaissance italienne a été gravement endommagé pendant la Seconde Guerre mondiale. Sa reconstruction a commencé en 1974. Une centaine de membres de la famille des Hohenzollern reposent dans la crypte. Quelques-uns des sarcophages ont été réalisés par Andreas Schlüter.

Die Museumsinsel

Nachdem Friedrich Wilhelm IV. das Gelände hinter dem Alten Museum für den Bau weiterer Gebäude für die Kunst und Wissenschaft bestimmt hatte, wurde 1843-1857 nach Entwürfen Friedrich August Stülers das Neue Museum erbaut. Seit Oktober 2009 erstrahlt die „Akropolis des Nordens" wieder in ganzer Pracht. Das Neue Museum präsentiert wieder die bedeutendste Sammlung der ägyptischen Hochkultur und die eindrucksvollen Exponate des Museums für Vor- und Frühgeschichte.

The Museum Island

After Friedrich Wilhelm IV had designated the land behind the museum for the erection of further buildings for the arts and sciences, the Neues Museum was built in 1843-1857 to plans by Friedrich August Stüler. Since October 2009 the „Acropolis of the North" presented at the New Museum again the important Egyptian collection and the impressive exhibits of the Museum of Prehistory and Early History.

La île aux musées

Le Neues Museum fut construit entre 1843 et 1857 par Friedrich August Stüler après que Frédéric-Guillaume IV eut donné son accord pour que l'emplacement derrière l'Ancien Musée soit réservé aux sciences et aux arts. Depuis Octobre 2009, le « Acropolis du Nord », présenté au New Museum de nouveau la collection égyptienne importante et les expositions impressionnantes du Musée de la Préhistoire et histoire ancienne.

Blick zum Berliner Dom ▷
von der Alten Nationalgalerie

Nach sechsjähriger Renovierungszeit konnte das Bodemuseum im Oktober 2006 wieder der Öffentlichkeit übergeben werden. Das Münzkabinett ist eine der ältesten Spezialsammlungen der Stiftung Preußischer Kulturbesitz; es bietet eine der weltgrößten numismatischen Sammlungen. Diese zeichnen sich besonders durch ihre Geschlossenheit aus. Die Skulpturensammlung und das Museum für Byzantinische Kunst nehmen den größten Bereich des Bodemuseums ein. Auf nahezu 6.200 qm werden 1.700 Skulpturen gezeigt und einzigartige Exponate aus dem byzantinischen Reich.

After a period of renovation lasting six years, the Bode Museum was finally reopened to the public in October 2006. The coin collection, one of the oldest special collections of the Prussian Cultural Heritage Foundation (Stiftung Preussischer Kulturbesitz), is one of the largest and most comprehensive of its kind worldwide. The Sculpture Collection and the Museum of Byzantine Art make up a large part of the Bode Museum. In a space of nearly 6200 square metres, no less than 1700 sculptures and many unique examples of Byzantine art are on display.

Après six années de rénovation, le musée Bode a de nouveau été ouvert au public en octobre 2006. Le cabinet des monnaies, une des plus anciennes collections de la fondation des biens culturels prussiens offre une des plus importantes collections numismatiques du monde. L'ensemble de sculptures et les salles d'expositions d'art byzantin constituent la plus grande partie du musée Bode. Sur près de 6 200 mètres carrés, on peut admirer quelque 1 700 sculptures et des artefacts uniques de l'empire de Byzance.

△ Bodemuseum   ▽ Bodemuseum, Eingangshalle mit Reiterdenkmal des Großen Kurfürsten   △ Alte Nationalgalerie   ▽ Altes Museum am Lustgarten

Die Museumsinsel liegt zwischen zwei Spreearmen im alten Berlin. 1910-1930 wurde das Pergamonmuseum für die Antikensammlung, die Islamische und die Ostasiatische Sammlung gebaut. Die Antikensammlung zählt zu den bedeutendsten der Welt. Mittelpunkt der Sammlung ist die Westseite des Pergamonaltares, der 180-160 v. Chr. erbaut wurde und der Athena und Zeus geweiht war. Weitere Höhepunkte sind das Markttor von Milet (um 120 n. Chr.) und das Ištartor in der Abteilung Vorderasiatisches Museum.

Museum Island, located between two branches of the Spree, is rounded off by the Pergamon Museum, built between 1910 and 1930, with its classical, Islamic and east Asian collections. The classical collection is among the finest in the world. Its centrepiece is the west part of the altar of Pergamon, erected in 180-160 B.C. and dedicated to Athena and Zeus. Other highlights are the market gate of Milet, about 120 A.C., and the Ishtar-Gate in the museum of Asia Minor.

L'île aux musées, logée entre deux bras de la Spree dans le vieux Berlin, a été complétée par la construction du musée de Pergame entre 1910 et 1930 avec une collection d'antiquités d'islam et et du sud-est asiatique, parmi les plus belles au monde. Le chef-d'œuvre de la collection est le côté ouest de l'autel de Pergame, construit en 180-160 avant Jésus Christ et consacré à Athéna et à Zeus. Deux autres très belles œuvres sont à citer: la porte du marché de Milet, datant de 120 après Jésus Christ et la porte d'Ischtar dans la collection classique.

◁ Nofretete/Neues Museum   △ Pergamon-Altar   ▽ Ištartor von Babylon

Völlig unparteiisch gemeint ist der Spitzname des Berliner Rathauses „Rotes Rathaus", denn er bezieht sich lediglich auf die roten Klinkersteine der Fassade. Erbaut wurde das Rathaus von H. F. Waesemann (1861 - 1869). Um der ausgedehnten Architektur des geplanten Gebäudes Platz zu machen, mussten seinerzeit einige mittelalterliche Gebäude weichen. Im Foyer wird man von den allegorischen Figuren des Handels in Gestalt des Merkur, der Schifffahrt, des Ackerbaus und der Fischerei begrüßt. Besonders eindrucksvoll ist der neun Meter hohe Säulensaal als vierschiffige Halle.

The nickname of Berlin Town Hall is the "Red Town Hall", but this label has absolutely nothing to do with party politics, as it refers only to the red brick facade. The town hall was built by H. F. Waesemann between 1861 and 1869. To make room for this extensive building, several medieval buildings had to be demolished beforehand. In the foyer, visitors are greeted by allegorical figures representing trading, in the shape of the god Mercury, shipping, agriculture and fishing. With its many pillars and height of nine metres, the four-naved Great Hall is an impressive sight.

L'hôtel de ville de Berlin n'est pas surnommé « mairie rouge » en raison d'une certaine tendance politique, mais pour sa façade en briques rouges vernissées. L'édifice fut construit de 1861 à 1869 par H. F. Waesemann (1861 - 1869). Plusieurs maisons médiévales durent être rasées pour laisser la place au vaste bâtiment. Dans le foyer, on est accueilli par Mercure, dieu du commerce entre autres statues allégoriques illustrant la navigation, l'agriculture et la pêche. Haute de 9m., la salle aux colonnades et à quatre vaisseaux est tout particulièrement remarquable.

Mitten in Berlin an der Friedrichstraße steht Europas größtes Revuetheater: der Friedrichstadtpalast. Die Shows dieser einzigartigen Bühne gehören zum Flair der Metropole wie das Brandenburger Tor oder der Funkturm. Abend für Abend strömen Berliner und Berlinbesucher in den Palast, um sich in die zauberhafte Welt der Revue entführen zu lassen. Schöne Beine satt: die Girlreihe im Friedrichstadtpalast ist ein choreographisches Muss und der Höhepunkt jeder Revue. Abend für Abend ernten die Berlin-Girls spontane Begeisterungsstürme.

On Friedrichstrasse, in the middle of Berlin, there is Europe's largest revue theatre: the Friedrichstadt Palace. The shows at this unique venue are just as much part of the city's flair as the Brandenburg Gate or the TV tower. Berliners and visitors to Berlin flock to the palace night after night to be transported into the magical world of revue. Lovely legs in abundance: the girls' line-up at the Friedrichstadtpalace is a choreographic must and the climax of each revue. Night after night the Berlin girls are rewarded with storms of enthusiastic applause.

En plein centre de Berlin, sur la Friedrichstrasse se trouve le théâtre de variétés le plus grand d'Europe: Le palais Friedrichstadtpalast. Les spectacles de variétés de ce théâtre unique en son genre donnent de l'ambiance à cette métropole. Soir après soir des Berlinois et des visiteurs affluent dans ce palais et se laissent emporter dans ce monde merveilleux de variétés. Vous êtes repus de belles jambes: la rangée de jeunes filles du palais de Friedrichstadt est un spectacle choréographique à ne pas manquer et le point culminant de chaque spectacle de variétés.

Außer dem Friedrichstadtpalast als Revuetheater gibt es in Berlin noch den traditionellen „Wintergarten" als Varieté-Theater und viele Kleinkunstbühnen. Berlin hat für jeden Geschmack etwas zu bieten und ein großes kulturinteressiertes Publikum. So gibt es mit der Staatsoper Unter den Linden, der Komischen Oper und der Deutschen Oper drei große Opernhäuser. Die Theaterszene ist mit fast 50 Bühnen umfangreich und vielfältig, so dass man nach Belieben zwischen Klassik, modernem Theater, Boulevard-Theater und Kleinkunst wählen kann.

Besides the Friedrichstadt Palace revue theatre Berlin has the traditional Winter Garden variety theatre and many other small cabarets as well. There is something for every taste, and a large potential audience; Berlin is a city of great cultural awareness. There are three large opera houses, the State Opera Unter den Linden, the Comic Opera and the German Opera. The theatre scene is both varied and extensive with 50 good theatres and a broad choice of classical, modern and light entertainment productions.

Outre le palais Friedrichstadtpalast, théâtre de variétés, à Berlin, on trouve encore le traditionnel « Wintergarten » (Jardin d'hiver), théâtre de variétés, et beaucoup d'autres café-théâtres. A Berlin, les pièces de théâtre s'adressent à toutes les catégories de public et au public ouvert à la culture. Outre l'opéra d'état Unter den Linden, l'opéra comique, l'opéra allemand constituent, à eux. Avec presque 50 salles de théâtre, le choix théâtral y est large et varié. L'on peut assister à des représentations théâtrales classiques, modernes ou encore opter pour pièces de théâtre de boulevard.

Spree-Fahrgastschiffe

Blick zum Schiffbauerdamm

Nicht nur Sightseeing-Touren lassen sich auf der Spree erleben, viele Events, Partys und Themenabende laden zu einer Rundfahrt auf dem Wasser ein. Sogar Schiffsgottesdienste werden monatlich abgehalten. Vom Schiffbauerdamm aus trifft man auf eine Reihe interessanter Szene-Kneipen, wie zum Beispiel die „Ständige Vertretung" mit rheinländischen Gerichten und Kölsch vom Fass. Eines der bekanntesten Bühnen Berlins ist das Theater am Schiffbauerdamm mit dem Berliner Ensemble, welches 1954 von Bertholt Brecht gegründet wurde.

Passenger boats on the Spree

Boat trips on the Spree offer far more than just the experience of sightseeing tours by water, for visitors are attracted to a river cruise by all sorts of events, parties and theme nights. There are even religious services held on board once a month. Around the Schiffbauerdamm, there are a number of trendy bars such as the "Ständige Vertretung", which serves Rhenish specialities and draught beer from Cologne. One of the most famous Berlin theatres is the Theater am Schiffbauerdamm, whose Berlin Ensemble was founded in 1954 by Bertolt Brecht.

Schiffbauerdamm sur la Spree

Les bateaux sur la Spree emmènent les touristes à travers Berlin, mais sont aussi utilisés pour de nombreux événements culturels et sociaux telles que des soirées et réceptions. Des offices religieux sont également célébrés à bord une fois par mois. Depuis le Schiffbauerdamm, on accède à plusieurs bars et brasseries branchés comme la « Ständige Vertretung », qui sert des spécialités rhénanes et la « Kölsch», bière de Cologne. Célèbre théâtre de Berlin, le « Theater am Schiffbauerdamm » où joue l'Ensemble berlinois fut fondé par Bertholt Brecht en 1954.

Scheunenviertel

Oranienburger Straße

Nicht weit vom historischen Stadtkern entfernt, liegt das so genannte Scheunenviertel. Zu Zeiten des Kurfürsten Friedrich Wilhelm ordnete man an, brandgefährdete Materialien, wie Heu und Stroh, außerhalb der Stadtmauern lagern zu lassen. Da der Viehmarkt am Alexanderplatz ständig derartigen Nachschub benötigte, entstanden hier 27 Scheunen. Somit siedelten sich an den landwirtschaftlichen Nutzflächen auch Landarbeiter an. Später etablierte sich hier die gut situierte jüdische Gemeinde und es entstand die „Neue Synagoge". Heute ist das Scheunenviertel bekannt für Mode und Design.

Organienburger Strasse

Not far from the historic city centre is the Scheunenviertel [barn quarter]. In the time of Elector Friedrich Wilhelm, it was ruled that materials constituting a fire hazard, such as hay and straw, should be stored outside the city walls. As the cattle market in Alexanderplatz needed a steady supply of such substances, no less than 27 barns were built here. Farm labourers settled in the agricultural districts, and later a wealthy Jewish community established itself here. As a result, the New Synagogue was built. Today the Scheunenviertel is known for fashion and design.

Organienburger Strasse

Non loin du centre historique, s'étend le quartier dit « Scheunenviertel » (quartier des granges). À l'époque du prince-électeur Frédéric-Guillaume, il fut ordonné de stocker des matières qui risquaient de prendre feu comme le foin et la paille en dehors des murs de la ville. Ainsi 27 granges furent construites près du marché aux bestiaux de l'Alexanderplatz. Plus tard, la communauté juive bourgeoise s'établit à cet endroit et y fit construire la « Nouvelle Synagogue ». Aujourd'hui, le «Scheunenviertel» est connu pour ses magasins de design et de mode.

Die Hackeschen Höfe

Die Hackeschen Höfe bilden ein geschlossenes Areal, welches in Deutschland seines Gleichen sucht. Mit der Sanierung Ende des 20. Jahrhunderts erlebte dieses Baudenkmal und architektonisches Geflecht von Höfen eine Renaissance. Das einstige Konzept der Mischnutzung einer Gewerbe- und Wohnanlage wurde durch Kurt Berndt, um 1900, umgesetzt. Er schaffte es, den Missständen dieser Zeit, was die Wohnkultur anbetraf, entgegenzutreten. Lange Zeit vernachlässigt, wurde diese Lebenskultur wiederentdeckt und wirkt beispielgebend für ganz Berlin.

The Hackeschen Höfe constitute an enclosed area unequalled in Germany. After the total renovation of this network of courtyards at the end of the 20th century, this historically important architectural complex has enjoyed a renaissance. The original concept of combining shops and living quarters was implemented by Kurt Berndt around 1900. He managed to counteract the social injustices of his time with regard to accommodation. Neglected for many years, the way of life he propagated has now been rediscovered and is an example for the whole of Berlin.

Le site fermé des Hackeschen Höfe est unique en Allemagne. Véritable monument architectural, cet ensemble de cours intérieures a été réhabilité à la fin du XXe siècle. L'idée de mélanger des logements, des ateliers et magasins autour de cours fut réalisée en 1900 par Kurt Berndt, et connaît une renaissance aujourd'hui. Par son concept, Berndt luttait contre les conditions urbaines désastreuses de cette époque. Longtemps tombé dans l'oubli, ce mode de vie urbaine proposé dans les Hackeschen Höfe est devenu un modèle à Berlin.

Früher war der Prenzlauer Berg eine Landschaft für Windmühlen, Weinbau und Mitte des 19. Jh. auch für Brauereien. Was dazu führte, dass sich Ausflugslokale, wie der Prater, Karusselle und Kegelbahnen etablieren konnten. Erst um 1840 begann man im Zuge der Industrialisierung und der sprunghaften Stadtentwicklung den Prenzlauer Berg zu bebauen. Noch heute gibt es über 3000 der so genannten Mietskasernen, welche für die ärmeren Bevölkerungsschichten entstanden. Gut saniert bilden sie heute Lebensraum für junge Familien, Studenten in einem lebensfrohen Bezirk.

Prenzlauer Berg was once a scene of windmills, vineyards and, from the mid-19th century, of breweries. Many inns catering for day trippers were established here, such as Prater, Karusselle and Kegelbahnen. Around 1840, in the wake of the industrialization and rapid expansion of Berlin, this started to become a built-up area, and even today there are over 3,000 tenement buildings here. Once erected to house poorer sections of the population, they have now have been renovated and provide living space for young families and students in this lively district.

Jadis, moulins à vent, vignes, et brasseries à partir du XIXe siècle, occupaient le quartier du Prenzlauer Berg. Puis apparurent des guinguettes comme le Prater (photo), et des lieux d'amusement avec manèges et jeux de quilles. Mais à partir de 1840, l'industrialisation entraîna le développement urbain de la ville. Aujourd'hui encore, Preslauer Berg abrite plus de 3 000 de ces casernes construites à l'époque pour la classe ouvrière. Mais modernisées, elle offrent désormais des logements confortables surtout prisés des jeunes familles et des étudiants, au cœur d'un quartier animé.

△ Max-Schmeling-Halle – Militärmusikfest ▽Prater Biergarten   Kulturbrauerei, Wasserturm (1877) ▷

Bereits zu Zeiten Kaiser Wilhelms II. war der Potsdamer Platz ein Ort der Extravaganzen. Das Hotel Esplanade im Stil der Belle Epoque bot dem Amüsement reichlich Platz. Die üppig ausgestatteten Prunksäle haben so manche rauschende Ballnacht erlebt. Schon um 1920 war der Potsdamer Platz das Verkehrszentrum Berlins und verband die umliegenden Städte miteinander. Die „Goldenen Zwanziger" prägten den Platz als Vergnügungs- und Touristenmeile. Zu dieser Popularität soll der Ort mit der neuen Gestaltung auch wieder gelangen.

As far back as the reign of Emperor Wilhelm II., Potsdamer Platz was a place of extravaganza. The Hotel Esplanade, in Belle Epoque style, offered plenty of opportunity for amusement, and wild and exhilarating balls were held in its grandiose, sumptuously decorated function rooms. Around 1920, Potsdamer Platz was the traffic hub of Berlin and linked surrounding towns with each other. The Roaring Twenties set their stamp on the district as a tourist and entertainment attraction, an identity that remained until today.

La place de Postdam était déjà un haut lieu de l'extravagance à l'époque de l'empereur Guillaume IIᵉ. La haute société se rencontrait à l'hôtel Esplanade construit dans le style Belle Époque et dont les salles somptueuses accueillaient des bals et réceptions fastueux. Vers 1920, le Potsdamer-Platz constituait le centre du trafic et des transports publics berlinois, reliant les localités avoisinantes. Dans les Années Vingt, la place et ses lieux d'amusements était une destination préférée des habitants et visiteurs de la ville.

Sony-Center-Forum

Kaum eine andere Metropole hat stets so viele Größen aus Kultur, Wissenschaft, Handel und Industrie angezogen. Sie alle fühlten sich von den vielfältigen Impulsen inspiriert, die schon immer auf Berlin als Mittelpunkt Europas einwirkten. Der Potsdamer Platz, hier die Schnittstelle zwischen City Ost und City West, wurde wieder zu einem vitalen Stadtzentrum Berlins. Das Forum, eine lichtdurchflutete, überdachte Arena, bildet den Mittelpunkt des Sony Centers am Potsdamer Platz. Der 4.000 m² große öffentliche Platz bietet eine anregende Atmosphäre von kulturellen Ereignissen, Kino, Shopping und Gastronomie.

There is hardly another capital city that has attracted so many of the big names of culture, science, trade and industry. They were all inspired by the multifarious influences that Berlin exerts as the centre of Europe. Potsdamer Platz, the meeting point of the city's east and west, has once again become the vibrant heart of the city. The forum, a roofed area flooded with light, forms the centre of the Sony Center on Potsdamer Platz. The 4000-square-meter public square has a stimulating atmosphere with cultural events, cinemas, shops and restaurants.

Il existe peu d'autres métropoles qui ont su attirer de nombreuses sublimités de la culture, la science, du commerce et des industries. Toutes étaient inspirées par les multiples impulsions qui ont toujours exercé une influence sur Berlin en tant que centre de l'Europe. La Potsdamer Platz – ici interface entre la ville Est et la ville Ouest – redevint un centre ville vital. Le forum, une arène couverte baignée de lumière est le centre du Sony Center à la Potsdamer Platz. Cette grande place publique, ayant une superficie de 4.000 m², offre une ambiance affriolante d'évènements culturels, cinématographiques, de commerces et gastronomiques.

KAISERSAAL aus dem ehemaligen Hotel Esplanade im Sony-Forum ▷

Durch den 2. Weltkrieg wurden 80% des Potsdamer Platzes zerstört und die Teilung Berlins ließ ihn über vier Jahrzehnte zum Niemandsland veröden. Nach dem Fall der Mauer 1989 wurde hier die Bebauung eines riesigen Areals in Angriff genommen, welches weit über den früheren Potsdamer Platz hinaus geht. Ein Platz ist nach der berühmten Schauspielerin Marlene Dietrich (geb.1901) benannt. Mit dem Film „Der blaue Engel" gelang ihr der Durchbruch zum Filmstar. In den 30er-Jahren machte sie in Hollywood Karriere und wurde 1939 Staatsbürgerin der USA. Ihre letzte Ruhestätte fand sie 1992 in Berlin.

80 % of the Potsdamer Platz was destroyed in the Second World War, and in the forty-year long bisection of the city it faded away into the desolation of no man's land. When the wall came down in 1989, the city of Berlin started a restoration of the Potsdamer Platz area. A square is named after the famous actress Marlene Dietrich, born in 1901. The film "Der blaue Engel" catapulted her to stardom. In the 1930s she made a career in Hollywood and became a US citizen in 1939. She was buried in Berlin in 1992.

Le Potsdamer Platz fut détruit à 80 % pendant la seconde guerre mondiale et la division de Berlin en fit une zone neutre déserte pendant plus de quatre décennies. Une des places de Berlin est aujourd'hui nommée d'après la célèbre actrice Marlène Dietrich (1901-1992) qui devint une star grâce au film «l'Ange bleu». La comédienne commença une carrière internationale à Hollywood dans les années trente et prit la nationalité américaine en 1939. Marlène Dietrich repose à Berlin depuis 1992.

Marlene Dietrich im Film „Blauer Engel"

Der Besuch des Zaren Alexander I. im Jahr 1805 veranlasste König Friedrich Wilhelm III. zur Umbenennung des Platzes in Alexanderplatz, im Volksmund auch Alex genannt. Einst fanden hier der Viehmarkt, die jährliche große Wollmesse, sowie ein Wochenmarkt statt. Eindrucksvolle Paraden wurden abgehalten und der Platz wuchs immer mehr zum Verkehrsknotenpunkt heran. Seine Blütezeit erlebte er Anfang des 20. Jh., mit dem Bau des Bahnhofes und der legendären Warenhäuser. Seine Wiedergeburt erfährt der Alex heute unter anderem durch das Einkaufszentrum Alexa.

The visit of Tsar Alexander I in 1805 prompted King Friedrich Wilhelm III to rename this square Alexanderplatz – or Alex for short. It was once the site of a cattle market, an annual wool fair and a weekly market. Impressive parades also took place here, and gradually it became an increasingly important traffic junction. The heyday of Alexanderplatz came at the start of the 20th century with the building of its railway station and legendary department stores. Today, Alex is undergoing a renaissance, with new features such as the Alexa shopping centre.

La visite du tsar Alexandre Ier en 1805 incita le roi Frédéric Guillaume III à rebaptiser cette place Alexanderplatz, surnommée « Alex » par les Berlinois. Autrefois s'y tenaient le marché aux bestiaux, la grande foire annuelle du textile, des marchés hebdomadaires et d'impressionnantes parades militaires. Au fil du temps, la place devint un important carrefour de circulation. Elle connut son apogée au début du XXe siècle avec l'édification de la gare et de grands magasins renommés. « Alex » vit aujourd'hui une renaissance grâce entre autres au centre commercial Alexa.

Hier am Potsdamer Platz, wo einst die Mauer stand, die Grenze zwischen Ost- und West-Berlin, wurde Berlins totes Herz wiederbelebt. Es entstand eine völlig neue pulsierende, brodelnde Mitte des 21. Jahrhunderts Ein Mythos hat eine neue Struktur erhalten. Es entstand ein Stück Großstadt als Experiment, das historisch ohne Beispiel ist. In nur wenigen Jahren schuf man, was sonst in Jahrzehnten, wenn nicht in Jahrhunderten wächst. Eine gleichwertige Mischung aus Wohnen und Arbeiten, ein pulsierendes Miteinander von Kommerz und Kultur, von Politischem wie Privatem.

Potsdamer Platz, the dead heart of Berlin where once the Wall stood, the border between East and West Berlin, is resuscitated as the pulsating whirlwind centre of the 21st century. A myth is reborn, restructured, for here a section of a great capital city is created as an experiment that is without historical precedent. In the course of only a few years there will emerge here something that usually takes decades, if not centuries, to develop - a balanced mixture of living and working areas, an association of commerce and culture, the political and the private.

Ici, sur la Potsdamer Platz, où jadis se trouvait le mur, la frontière entre Berlin-Est et Berlin-Ouest, le cœur de la ville propose à nouveau. Il est le centre de la capitale au XXIe siècle. Le cœur de Berlin bat à nouveau au Potsdamer Platz. Un mythe est en train de naître et l'expérience est unique. On a construire ici, en quelques années seulement, ce qui normalement demande des décennies, voire des siècles: un mélange harmonieux entre l'habitat et le travail, en un mot, tout ce qui rend un quartier vivant.

Mauer-Bilder aus der DDR-Zeit (1961-1989)   △ Maueröffung am Brandenburger Tor   ▽ Mauer mit Todessteifen, Blick nach Ost-Berlin vor 1989   △ Fluchtopfer-Gedenkstätte

Für einen Neuanfang nach dem Krieg richtete der Alliierten Kontrollrat Zonen ein, jedoch kam es durch die unterschiedlichen Anschauungen zum Streit untereinander, so dass sich die Ost- und Westzone bildete. Dem Westen ging es immer besser, im Osten litten die Menschen unter den Repressalien der Sowjetunion. Viele junge und hochqualifizierte Menschen verließen den Arbeiter- und Bauernstaat DDR. Somit wurde erst das Sperrgebiet der Interzonengrenze eingerichtet. Die Flucht ging weiter über Berlin, 1961 schloss man die Grenzen durch den Mauerbau endgültig.

With the reconstruction of post-war Germany, the Allied Command created occupied zones, but considerable political differences led to constant disputes, and finally Germany was divided into two parts. While West Germany flourished, people in the east suffered from the repressive policies of the Soviet Union. Many young, highly qualified people began to leave East Germany, and so a prohibited area was established between the zones. People then fled to the west via Berlin until the border was closed entirely in 1961, with the building of the Berlin Wall.

Après la guerre, les Alliés se partagèrent Berlin en zones qu'ils contrôlaient, mais des divergences conduisirent à la création des zones est et ouest. Berlin-Ouest prospéra rapidement tandis que Berlin-Est subissait le joug de l'Union soviétique. De nombreuses personnes jeunes et qualifiées quittèrent la RDA socialiste pour la vie libre en République fédérale. C'est ainsi que les frontières des diverses zones furent progressivement fermées. La fuite des citoyens de la RDA continua par Berlin jusqu'à ce que le Mur sépare définitivement la ville en deux en 1961.

In der Nähe der Oberbaumbrücke, entlang der Mühlenstraße, befindet sich über 1.300 m das längste noch erhaltene Stück der Berliner Mauer, genannt die „East-Side-Gallery". Über 100 Graffiti-Künstler aus aller Welt transformierten das bis dahin unerreichbare Mauerstück der Ostseite nach 1989 zu einem Kunstwerk. Damit gaben sie der Mauer ein neues Gesicht in einer neuen Zeit. Erreichbar ist sie über die U- und S-Bahn-Station Warschauer Straße. An der Oberbaumbrücke befand sich ehemals ein Grenzübergang zwischen Ost- und West-Berlin.

Close to the Oberbaum Bridge, along Mühlenstrasse, is the longest section of the Berlin Wall, the East-Side-Gallery: This is the longest stretch of the Wall in one piece, 1300 meters long. The painters who worked on this open-air gallery deserve our gratitude for the fact that this original part of the Wall was placed under official heritage protection, and that it is still so well preserved. Nothing has been exchanged here: Each part is still standing at its original place. Absolutely authentic evidence of history in our time – history you can reach out and touch.

A proximité de l'Oberbaum-Brücke, le long de la Mühlenstrasse, se trouve la partie la plus longue du mur de Berlin appelée, East-Side Gallery près de la Mühlenstrasse: le tronçon le plus long avec 1,3 km d'un seul tenant. C'est grâce aux artistes peintres de graffiti air que cette partie du Mur a été si bien conservée et classée monument historique. Une œuvre d'art originale, témoin de son temps absolument authentique et une leçon d'histoire vivante.

Die ausdrucksstarken Graffitis von 1990 wurden im Jahre 2000 und 2009 umfangreich restauriert. Denn sie verblassen schnell und fangen an zu bröckeln. Dazu kommt, dass sich täglich tausende von Besuchern auf dem über 1300 Meter langen "Gästebuch" eintragen und die Gemälde damit überschreiben. Regelmäßige Restaurierungen sind nötig um dieses Denkmal zu erhalten, wie den „Bruder Kuss", oder den Trabbi der die Mauer durchbricht, Gemälde die einen Dialog mit den Kulturen und der weltweit friedlichen Grenzüberwindung darstellen.

The expressive graffiti of 1990 were restored in 2000 and 2009. They started very fast to get faded and to crumble, so that the original images are hardly recognizable. In addition, thousands of visitors daily use this over 1300-metre-long section of wall as a guest book and scrawl their names over the old graffiti. The monument requires constant restoration, in particular to preserve images like the famous Bruderkuss, or the Trabant crashing through the wall, that represent intercultural dialogue and the peaceful surmounting of international barriers.

Les graffitis de 1990 ont été restaurés en 2000 et 2009 mais sont de nouveau détériorés et commencent à s'effriter aujourd'hui. On reconnaît à peine les dessins d'origine. Par ailleurs, les milliers de visiteurs quotidiens « s'immortalisent » également sur les 1 300 mètres de mur, recouvrant ainsi les dessins. Il faut régulièrement restauré ce monument qui montre le « baiser fraternel de Brejnev et Honecker » ou la voiture Trabbi qui a enfoncé le Mur, des témoignages évoquant l'espoir de dialogue des cultures, de la paix et du dépassement des frontières dans le monde.

Die Oberbaumbrücke wurde in Märkischer Back-steingotik gebaut. Durch das Musical „Linie 1" ist diese Hochbahnstrecke berühmt geworden. Die Spree war in diesem Bereich vor 1990 die Grenze zwischen Ost- und West-Berlin. Der U-Bahn-Streckenabschnitt zur Oberbaumbrücke hat bis dahin still gelegen. Auf der linken Seite der Brücke schließt sich der Bahnhof Warschauer Straße an. – Als östliches Tor zu Berlins Mitte verstehen die Bauherren und Architekten ihre markanten Büro- und Geschäftshäuser „Trias" mit der günstigen verkehrstechnischen Lage.

The Oberbaum Bridge was built in the so-called Brick Gothic style. The musical "Linie 1" has made the elevated section famous. The line goes all the way to the western part of Berlin. Up to 1990 the Spree, including the section spanned by the Oberbaum Bridge, was the boundary between East and West Berlin, and this stretch of the line was therefore closed. Adjacent to the bridge on the left is Warsaw Street Station. – The imposing office buildings were designed at the strategically important location between the River Spree, the S-Bahn and the main traffic routes.

Le pont Oberbaum fut construit en brique en style gothique brandebourgeois. Avant 1990, la Spree séparait également Berlin-Est de Berlin-Ouest à l'endroit où est situé l'Oberbaum-Brücke de sorte que cette ligne de métro ne fut plus exploitée jusqu'à cette époque. C'est sur la partie gauche du pont que vient s'embrancher la gare « Warschauer Strasse ». – Pour ses architectes, la tour de bureaux et commerces représente la porte orientale vers le centre de Berlin. L'immeuble impressionnant s'élève à un endroit stratégique.

△ Oberbaumbrücke   ▽ STADTBAHN-ROMANTIK: Bahnhof Warschauerstraße der U-Bahnlinie 1   △ Trias-Häuser   ▽ Bahnhof Jannowitzbrücke, Blick zu den Trias-Bürohäusern

Der Stadtteil Kreuzberg wurde nach dem gleichnamigen Hügel im heutigen Viktoriapark benannt, wo ein Denkmal in Angedenken an die Befreiungskriege gegen Napoleon in Form eines Eisernen Kreuzes von 1821 stand. Bekannt wurde Kreuzberg Ende des 20 Jh. durch die Alternativenbewegung und durch die Hausbesetzerszene. Heute zählt Kreuzberg zu den ärmsten Stadtteilen Berlins. Fast ein Drittel der Einwohner sind Migranten und viele davon türkischer Abstammung. Das Stadtbild ist geprägt durch türkische Geschäfte, Restaurants und Auslagen von Obst- und Gemüse-Märkten.

Nonetheless, since the fall of the Berlin Wall, Kreuzberg has emerged from its isolation and has been catapulted into the centre of cation,Berlin. As an urban location, Kreuzberg has become more attractive, and because of its n and international population and numerous foreign tradespeople, a multicultural scene has developed, resulting in the establishment of attractive bars and restaurants. A similar focus on cosmopolitan culture has now spread to the neighbouring district of Neukölln.

Toutefois, Kreuzberg est en train de se transformer. Le quartier a été catapulté au cœur de Berlin après la chute du Mur. Désormais central, et de plus en plus rénové, il gagne en attractivité, attirant une population et de nombreux gens d'affaires internationaux. L'ambiance y est désormais multiculturelle avec maints restaurants, entre autres asiatiques. Le quartier voisin de Neukölln mue également en un des endroits cosmopolites les plus prisés de Berlin.

Der Stadtteil Kreuzberg wurde nach dem gleichnamigen Hügel im heutigen Viktoriapark benannt, wo ein Denkmal in Angedenken an die Befreiungskriege gegen Napoleon in Form eines Eisernen Kreuzes von 1821 stand. Bekannt wurde Kreuzberg Ende des 20 Jh. durch die Alternativbewegung und durch die Hausbesetzerszene. Heute zählt Kreuzberg zu den ärmsten Stadtteilen Berlins. Fast ein Drittel der Einwohner sind Migranten und viele davon türkischer Abstammung. Das Stadtbild ist geprägt durch türkische Geschäfte, Restaurants und Auslagen von Obst- und Gemüse-Märkten.

The district of Kreuzberg (cross hill) originally took its name from a hill in the present day Viktoria Park. A monument of 1821, in the form of an iron cross, once stood on the hill, to commemorate the Wars of Liberation against Napoleon. Kreuzberg gained considerable notoriety at the end of the 20th century through the alternative scene and the activities of squatters, and today it is one of the poorest quarters of Berlin. Almost a third of the residents are migrants, many of whom are of Turkish origin, and Turkish shops, restaurants and fruit and vegetable stalls are a common sight.

Toutefois, Kreuzberg est en train de se transformer. Le quartier a été catapulté au cœur de Berlin après la chute du Mur. Désormais central, et de plus en plus rénové, il gagne en attractivité, attirant une population et de nombreux gens d'affaires internationaux. L'ambiance y est désormais multiculturelle avec maints restaurants, entre autres asiatiques. Le quartier voisin de Neukölln mue également en un des endroits cosmopolites les plus prisés de Berlin.

An der Hochbahnstrecke der Linie 1 befindet sich zwischen den Stationen Gleisdreieck und Möckernbrücke das imposante Deutsche Technikmuseum, welches auch das Betriebsgelände des ehemaligen Anhalterbahnhofs mit einbezieht. Über dem Dach des Museums schwebt als Blickfang eine amerikanische Militärmaschine C47 Skytrain als Erinnerung an die Luftbrücke über Berlin vom 24. Juni 1948 bis 12. Mai 1949. Diese Militärflugzeuge versorgten damals Berlin mit den Dingen des tägliche Bedarfs und erhielten dadurch den Spitznamen „Rosinenbomber".

Along the elevated section of the number 1 line, between Gleisdreieck and Möckern Bridge Stations, is the imposing building of the German Museum of Technology, incorporated into what is the area of the former Anhalter Station with a whole range of historical old locomotives. As an eye-catcher, and in memory of the Berlin Airlift from 24th June 1948 to 12th May 1949, an American military plane, the C 47 Skytrain, hovers above the roof of the museum. Planes of this type supplied Berlin with everyday essentials and so were nicknamed "Rosinenbomber" (currant bombers).

C'est entre les stations Gleisdreieck et Möckernbrücke, desservies par «la ligne 1» du métro aérien qu'est situé l'impressionnant musée allemand de la technique. C'est dans ce complexe que se trouvent également les vieux bâtiments de l'ancienne gare-terminus de marchandises où l'on peut admirer de nombreuses anciennes locomotives. Au-dessus du toit du musée, un avion militaire américain, le C 47 Skytrain, est suspendu comme point de mire et en souvenir du «pont aérien» au-dessus de Berlin, qui dura du 24 juin 1948 jusqu'au 12 mai 1949.

Treptow-Köpenick ist flächenmäßig der größte Bezirk Berlins. Er besteht zu einem Viertel aus Wasserflächen, wie der Müggelsee und die Spree die sich hier breit macht. Der Treptower Park ist ein wahres Stadterholungsgebiet. Ausflugsschiffe und idyllisch gelegene Restaurants mit Freiterrassen laden zum Ruhen und Genießen ein. Hier sind die Preise noch zivil geblieben. So bald die Sonne warm genug ist, steigen im Treptower Park internationale Grilldüfte auf, überall sind kleine Rauchfahnen zu sehen und die Wiesen werden zu einem großen Picknicktisch.

In area, Treptow-Köpenick is Berlin's largest district. A quarter of it consists of water, with lakes like Müggelsee and the Spree, which widens out here. The Treptower parc is a veritable urban recreation area. There are inviting opportunities to relax and enjoy your surroundings on tourist boats and in idyllically sited restaurants with open terraces, and prices are moderate. On Treptower Park's lawns, you can observe a multicultural gathering of all varieties of anything that can remotely be categorized as a picnic.

Par sa superficie, Treptow-Köpenick est le plus vaste quartier de Berlin. L'eau occupe un quart de sa surface, entre autres le lac de Müggelsee et la rivière Spree qui élargit son lit ici. Des parcs et des forêts font de ce quartier un but d'excursion très prisé des Berlinois, qui profitent aussi des promenades à bord de bateaux de plaisance et des restaurants avec terrasses, les pieds dans l'eau. Par beau temps, les pelouses du parc de Treptow se transforment en immenses aires multiculturelles, de pique-nique et de jeux.

Als Stadt mit der höchsten Ausländerzahl in Deutschland, als deutscher Mittelpunkt mit internationalem Interesse sowie als Weltstadt demonstriert Berlin mit dem Karneval der Kulturen die Toleranz und Offenheit im Umgang mit der Vielfalt der Kulturen und Religionen für ein friedfertiges Zusammenleben. Ein weltweit einzigartiges Spektakel aufgrund der Vielfältigkeit der Nationalitäten der Akteure. Ein Fest ohne Altersbeschränkungen, ob jung oder alt. Hier wird Selbstdarstellung, Präsenz, Engagement und Zugehörigkeit demonstriert, als Multiplikator in der heutigen Gesellschaft.

Berlin, as Germany's new capital, is now a metropolis that is a focus of international interest. It is also the city with the highest proportion of foreigners in Germany. In the annual carnival of the cultures, Berlin demonstrates tolerance and openness for the multitude of cultures and religions, promoting peace and understanding. Worldwide, this is a unique spectacle because of the great number of nationalities taking part. It is an event without age limits, where young join old, an occasion that calls for demonstrations of showmanship, charisma, commitment and fellow-feeling as multipliers of present-day society.

Berlin, ville recensant le plus grand nombre d'étrangers vivant en Allemagne, capitale du pays, métropole internationale, démontre avec le Carnaval des cultures la tolérance, l'ouverture sur les multiples cultures et religions du monde essentielles à une vie commune pour la paix autour du globe. Un spectacle unique au monde en raison de la diversité des nationalités des participants. Une fête pour tous. Qu'on soit jeune ou senior, l'important est de s'ouvrir, se réaliser, participer et montrer son engagement, tout ce que demande la société d'aujourd'hui.

Museum für Naturkunde

Im Museum für Naturkunde der Humboldt-Universität zu Berlin werden den Besuchern neben aktuellen Themen auch die immer wieder erstaunlichen Ausgrabungen der Urweltriesen gezeigt. Das weltweit größte Dinosaurierskelett eines *Brachiosaurus brancai*, kann von allen Seiten bestaunt werden. Durch "Juraskope" werden die Urzeittiere wieder zu neuem Leben erweckt, wie der Urvogel *Archaeopteryx*. Ein breites Spektrum an Dauerausstellungen, Sonderaustellungen und Besucheraktionen im Humboldt-Exploratorium, lassen einen nur erahnen was es noch alles zu erforschen gibt.

Museum of Natural History

In Humboldt University's Natural History Museum, visitors can see exhibits of topical interest as well as excavations of primordial monsters that never fail to astound. The world's largest dinosaur skeleton, that of *Brachiosaurus brancai*, can be examined from all sides, and in the "Jurascope", primeval creatures such as the birdlike *Archaeopteryx* even seem to come alive. A wide range of permanent displays, special exhibitions and visitor activities in the Humboldt Exploratorium give at least some impression of the potential of research in this field.

Musée des sciences naturelles

Le musée des sciences naturelles de l'Université Humboldt à Berlin offre aux visiteurs des thèmes actuels, mais aussi de remarquables trouvailles de l'époque préhistorique. Le plus grand squelette de dinosaure du monde, un *Brachiosaurus brancai*, peut être observé de tous les côtés. Grâce au « Jurascope », les animaux préhistoriques tels que l'oiseau *Archaeopteryx* s'animent dans leur habitat naturel. Une vaste palette d'expositions permanentes, d'expositions spéciales, et d'événements organisés par le Humboldt-Exploratorium donnent un aperçu de toutes les recherches passées et

Berlin ist eine der wenigen Städte der Welt, welche zwei Zoologische Gärten besitzt. Der historische zoologische Garten liegt im Zentrum, am gleichnamigen Bahnhof Zoo. Der neue Tierpark wurde in Berlin-Friedrichsfelde 1955 eröffnet. Der historische Zoo, damals noch vor der Berliner Stadtgrenze gelegen, wurde 1844 eröffnet. Bereits 1841 wurde mit der Anlage unter der Beteiligung von Alexander von Humboldt und Peter Joseph Lenné begonnen. Es ist der artenreichste Zoo der Welt und beherbergt in seinen Freianlagen und Tierhäusern über 15.000 Tiere.

Berlin is one of the few cities in the world with two zoological gardens. The new zoo, the "Tierpark Berlin", opened its gates in Friedrichsfelde in 1955. The historical zoo is in the centre, opposite to the station of the same name near the Kaiser-Wilhelm Gedächtniskirche. It opened in 1844, at that time only "close to" but not "in" Berlin. The complex was begun as early as 1841 with the help of Alexander von Humboldt and the landscape architect Peter Joseph Lenné. Today it is the zoo with the greatest number of animal species world-wide. Almost 15,000 animals live in its enclosures and houses.

Berlin est une des rares villes du monde à posséder deux jardins zoologiques. Le Zoo historique s'étend au centre de la ville, près de la gare portant le même nom. Le nouveau zoo de Berlin était inauguré en 1955 à Friedrichsfelde. Le « Tiergarten » historique situé à l'époque « alentour de Berlin », fut inauguré en 1844. Son aménagement par Alexander von Humboldt et le dessinateur de jardins Peter Joseph Lenné avait commencé dès 1841. Aujourd'hui, 15000 animaux vivent dans le zoo le plus riche en espèces jardins zoologiques du monde entier.

△ Elefantentor Zooeingang   ▽ Nilpferd (genannt: „Knautschke")   △ Giraffenhaus   ▽ Elefantenparade

Die beiden Berliner Tiergärten sind in ihrer Artenvielfalt und Besucherbeliebtheit weltweit nicht zu übertreffen. Die Aufgabe eines Zoos ist es, dem Menschen die größtmögliche Bandbreite an Tieren auf dieser Erde nahe zubringen, damit er sie kennen und schätzen lernt. Tiergerechte Haltung und Naturschutz werden hier groß geschrieben und natürlich auch die Erhaltung der Arten, denn zu viele Tierarten sind in der freien Wildbahn vom Aussterben bedroht. Dazu dienen Erhaltungszuchtprogramme, die bis zum behutsamen Auswildern der Tiere führen.

Nothing in the world can beat Berlin's two zoological gardens for sheer variety of species and popularity ratings. The task of a zoo is to introduce people to the widest possible range of animals on this earth, in order that they may get to know and appreciate them. Humane conditions and nature conservancy are priorities here and of course wild life conservation as a whole, for far too many animal species are threatened with extinction in the wild. The zoo has therefore set up special programmes for rare species, which can even result in a carefully planned release of some animals into the

Les deux jardins zoologiques de Berlin abritent une diversité d'espèces animales unique dans le monde entier. La mission d'un zoo est de faire connaître aux hommes le plus grand nombre possible d'animaux de notre planète et d'élever ceux-ci dans des conditions adaptées. La protection de la nature et la préservation des races font également partie des objectifs des zoos. En effet, de plus en plus d'espèces sont menacées dans leur environnement sauvage naturel. Aussi, les zoos de Berlin ont mis au point des programmes d'élevage d'animaux destinés à être

Die Auswilderung erfolgt in den Ursprungsländern der Tiere, um dort neue Populationen dieser Arten zu fördern. Berühmt geworden ist die Aufzucht des Eisbären Knut, der schnell die Herzen weltweit eroberte und dem Zoo eine enorme Aufmerksamkeit verschaffte, die nun für weiteren Erfolg versprechende Programme genutzt wird. Warum sich Berlin den Braunbären als Wappentier gewählt hat, ist nicht mehr zu rekonstruieren. Vielleicht sollte die Kraft und Schönheit die von diesem Tier ausgeht, für Berlin versinnbildlicht werden.

wild in their country of origin, in order to encourage new populations to breed in their original environment. One of the most famous animals to be reared here was Knut, a baby polar bear who won the hearts of an international public. The enormous amount of attention this brought to the zoo is now to be utilized in the hope of achieving further success with other promising projects. It is no longer possible to ascertain why Berlin chose a bear for its coat of arms, but the idea has its own logic, for the strength and beauty that this animal radiates are suitably expressive of a city like Berlin.

remis en liberté dans leurs pays d'origine afin de créer de nouvelles populations. L'ours polaire Knut, né au zoo le 5.12.2006, est vite devenu la coqueluche du monde entier, et a encore fait connaître davantage le zoo berlinois qui projette d'autres programmes d'élevage d'animaux sauvages en captivité grâce à cet énorme succès. On ne sait plus exactement pourquoi Berlin a choisi l'ours comme animal héraldique, mais la beauté et la force de cet animal seyent parfaitement à la capitale allemande.

Imposante Gebäude, Theater und moderne Geschäfte tummeln sich rund um die Ruine der Kaiser-Wilhelm-Gedächtniskirche. Man entschloss sich seinerzeit, die Ruine als Mahnmal an die Kriegszerstörungen zu sichern und zu erhalten. Im Umfeld der Kirche entstand eine eigenwillige Architektur, die sich im Volksmund den Spitznamen Lippenstift und Puderdose oder Gebetsgasometer zu eigen gemacht hat. Der Reitweg des Kurfürsten, heute kurz Ku'damm genannt, war lange die Prachtstraße des Westens.

Around the remains of the Kaiser Wilhelm Memorial Church stand a mass of imposing buildings, theatres and modern shops. After the war it was decided to preserve and maintain the ruins as a memorial to the destructions of the war. Some highly individual examples of architecture were erected nearby, leading Berliners to give them nicknames like the "lipstick and powder box" or "prayer gasometer". The bridle path of the Prince-Electors (Kurfürsten), shortened to Ku'damm, was once Berlin's best-known boulevard.

Des édifices imposants, des théâtres et des magasins modernes entourent la Kaiser-Wilhelm-Gedächtniskirche qui ne fut pas reconstruite pour servir de témoignage des ravages de la guerre. La ruine est flanquée de deux éléments modernes à l'architecture curieuse que les Berlinois surnomment le « bâton de rouge et la boîte à poudre » ou encore le « gazomètre des prières ». Avant la réunification de Berlin, le Kurfürstendamm (Ku'damm) était le boulevard le plus long et le plus élégant de Berlin-Ouest.

Um vom Berliner Schloss in den Grunewald zu gelangen, war ein Weg nötig. Aus diesem Weg entwickelte sich im Laufe der Zeit eine der berühmtesten Straßen der Welt, der Kurfürstendamm. Der Ausbau der Straße erfolgte zwischen 1883 und 1886 auf Initiative des Reichskanzlers Otto von Bismarck. Gegen Ende des 19. Jahrhunderts begann auch die Bebauung mit aufwändigen Mietshäusern, von denen nur wenige erhalten sind. Die erste Blütezeit hatte der Boulevard um 1930. Sein Comeback als Einkaufsmeile in Verlängerung der Tauentzienstraße ist geglückt.

This road eventually envolved into one of the most famous streets in the world. Its construction in 1883-1886 was initiated by the chancellor of the Reich, Otto von Bismarck. The construction of costly residential buildings also began towards the end of the last century. Only a few have remained. The heyday of the boulevard was around 1930, when about 100 cafés and restaurants lined the street. Many scientists, authors and artists lived at the "Ku-Damm". His comeback as a shopping area in extension to the Tauentzienstraße was successful.

Le boulevard fut d'abord une simple artère réunissant le château royal en ville à Grunewald. Au fil du temps, il est devenu une des plus célèbres rues du monde. Son aménagement urbain commença entre 1883 et 1886 sous le gouvernement du chancelier Otto von Bismarck. De grand blocs d'habitations – dont la plupart ont été détruits – y furent ensuite construits à la fin du siècle dernier. Mais le boulevard connut son âge d'or dans le années Vingt. Son retour en tant que quartier commercial de prolongation de la Tauentzienstrasse est réussie.

△ Portier vor dem KaDeWe Kaufhaus   △ Bahnhof Zoo   ▽ Kurfürstendamm mit Blick zur Gedächtniskirche   △ Leierkastenspieler am KaDeWe

Charlottenburg war bis 1920 eine selbstständige und wohlhabende Großstadt westlich von Berlin, die dann zu Groß-Berlin eingemeindet wurde. Mit dem Ausbau des Charlottenburger Schlosses bekam auch die gegenüberliegende Siedlung den Namen Charlottenburg und konnte sich unter der Betriebsamkeit bei Hofe zu einer angesehenen Stadt entwickeln. Immer mehr wohlhabende Berliner zog es in die Sommerfrische nach Charlottenburg. Aus der königlichen Residenzstadt ist heute ein Stadtteil mit ausgeprägten prachtvollen Boulevard-Straßen geworden.

Up to 1920, Charlottenburg, situated west of Berlin, was an independent, prosperous city. It has now been integrated into Greater Berlin. When work first began on extending Charlottenburg Palace, the settlement opposite was also given the name Charlottenburg, and soon benefited from the bustle of life at court. It enjoyed its own prestige as a town, and in time more and more wealthy Berliners were drawn to Charlottenburg as a summer resort. Today this former royal seat has become a part of Berlin noted for its grand and distinctive streets.

Jusqu'en 1920, Charlottenburg était une ville prospère et autonome. Elle fut ensuite rattachée à Berlin. Charlottenburg est née avec l'édification du château aux portes de la ville, et se développa en ville grâce à la vie à la cour. Les riches Berlinois furent de plus en plus nombreux à venir s'installer sous les cieux bien plus sains de Charlottenburg. L'ancienne résidence royale est aujourd'hui un quartier où l'on retrouve un air de noblesse dans ses belles avenues.

Am Kurfürstendamm steht die Ruine der alten Kaiser-Wilhelm-Gedächtniskirche, die von Kaiser Wilhelm II. 1895 eingeweiht wurde und als Mahnmal an den Zweiten Weltkrieg im zerstörten Zustand stehengelassen wurde. Das große Mosaikgewölbe mit dem Fürstenfries ist weitgehend erhalten geblieben. Die prachtvollen Mosaiken sind auch heute noch ein Kulturdenkmal ersten Ranges. Die Geschichte des Kurfürstendammes reicht bis ins 16. Jahrhundert zurück. Sie hängt unmittelbar mit der Erbauung des Jagdschlosses Grunewald zusammen.

The Emperor William Memorial Church on Kurfürstendamm, consecrated by Emperor William II in 1895, was destroyed in the Second World War, and the ruins were left standing as a warning to future generations. The great vaulted mosaic with its princely frieze was largely preserved. The splendid mosaics are still a valuable cultural treasure. The history of the Kurfürstendamm dates back to the 16th century. It is closely connected to the building of the hunting seat of Grunewald. In order to reach it from the Berlin palace, a road was required.

Laissée en ruine pour servir de monument rappelant la Seconde Guerre mondiale, la Kaiser-Wilhelm-Gedächtsniskirche (église commémorative) qui se dresse sur le Kurfürstendamm, fut inaugurée par l'empereur Guillaume II en 1895. La grande voûte de mosaïque conservée figure la fresque des Princes. Les magnifiques mosaïques de Hermann Schaper évoquent les Hohenzollern et l'empereur Guillaume Ier. L'histoire du Kurfürstendamm remonte au XVIe siècle et est aussi associée à la construction du pavillon de chasse Grunewald.

SCHLOSS CHARLOTTENBURG

Das Charlottenburger Schloss wird von Touristen und Berlinern als attraktives barockes Bauwerk geschätzt (erbaut 1695 bis 1791). Faszinierend ist das breite Spektrum der Schlossanlage mit dem Turm auf dem Kernbau und den Flügelbauten, die sich über 550 Meter erstrecken. Dabei begann alles ganz bescheiden. Nach einem Entwurf von Arnold Nehring entstand 1695-1699 ein Lustschloss für die Kurfürstin Sophie Charlotte. Mit der Krönung Kurfürst Friedrichs III. zum König in Preußen (1701) entwickelte sich am Schloss rege Bautätigkeit.

CHARLOTTENBURG PALACE

Built in 1695-1791, the Baroque splendour of Charlottenburg Palace attracts Berliners and tourists alike. Visitors beholding the central building with its tower and adjacent wings are generally struck by the expanse of the palace buildings extending to a length of 550 m. The beginnings, however, were quite modest. In 1695-1699, a small summer palace was built for Electoress Sophie Charlotte according to plans of Arnold Nehring. When Elector Friedrich III was crowned King of Prussia in 1701, builders were briskly put to work at the palace again.

CHÂTEAU DE CHARLOTTENBURG

L'édifice baroque du château de Charlottenburg, construit entre 1695 et 1791 est un lieu très apprécié des touristes et des Berlinois. L'ensemble avec une façade principale de 550 m. de longueur, une haute tour et deux longues ailes offre une image impressionnante. Et pourtant, à l'origine, il avait des dimensions plutôt modestes. Le premier édifice fut érigé de 1695 à 1699 par l'architecte Arnold Nehring, comme château de plaisance pour la princesse Sophie-Charlotte. Son époux, le prince-électeur Frédéric IIIe le fit agrandir quand il devint roi de Prusse sous le nom de Frédéric Ier (1701).

Berliner Residenz-Konzerte

Im Charlottenburger Schloss der Sommerresidenz der preußischen Könige finden in der Orangerie regelmäßig Konzerte statt, die mit einem eleganten Dinner in den prachtvollen Räumen gekrönt werden können. Um sich in die richtige Stimmung für ein solches Event versetzen zu lassen, ist eine Führung durch das Schloss genau das Richtige. Hochherrschaftlich gestärkt und in barocker Laune lauscht man den Klängen des Berliner Residenzorchesters zu den Höhepunkten der Musik des 17. und 18. Jahrhunderts.

Berliner Residenz concerts

In Schloss Charlottenburg, once the summer residence of the Prussian kings, concerts regularly take place in the Orangerie. If so desired, you can crown the experience by dining in style in the magnificent state rooms. The best way of entering into the spirit of such an event is to join one of the guided tours through Schloss Charlottenburg. Invigorated in this aristocratic manner, and instilled with the atmosphere of the Baroque, you can listen to the Berliner Residenz orchestra playing highlights of the music of the 17th and 18th centuries.

Berliner Residenz château royal

Aux portes de Berlin, Charlottenburg, ancienne résidence d'été des rois de Prusse, comprend l'Orangerie où se tiennent régulièrement des concerts, parfois suivis de festins élégants dans les sompteuses salles de l'édifice. Auparavant, une visite du majestueux château baroque mettra les spectateurs dans l'humeur idéale pour écouter l'orchestre « Berliner Residenzorchester », surtout quand il joue les grandes partitions musicales des XVIIe et XVIIIe siècles.

Das Schloss Charlottenburg mit dem Belvedere beherbergt eine Sammlung Berliner Porzellane. Eine weitere hochkarätige Ausstellung ist die größte Sammlung französischer Malerei des 18. Jahrhunderts. Im ehemaligen Schlosstheater ist das Museum für Vor- und Frühgeschichte untergebracht. Dem Schloss gegenüber stehen die von Friedrich August Stüler 1851-1859 erbauten ehemaligen Kasernen der Garde du Corps. Weitere Museen im näheren Umkreis sind unter anderem das Antikmuseum, Heimatmuseum Charlottenburg und das Bröhan-Museum.

Charlottenburg Palace and its belvedere house a collection of china from Berlin. A further top-class exhibition is the largest collection of 18th century French painting. The former palace theatre is now a museum of prehistory and early history. Across from the palace, the former barracks of the guard are preserved, built in 1851-1859 by Friedrich August Stüler. A further top-class exhibition is the largest collection of 18th century French painting. The museum of antiquity, a museum of the Charlottenburg district and the Bröhan-Museu are close by.

Le Château de Charlottenburg avec le Belvédère renferme une très belle collection de porcelaines de Berlin. L'importante collection de peintures françaises du XVIIIe siècle est également remarquable. Le musée de la Préhistoire est installé dans l'ancien théâtre du château. L'ancienne caserne de la Garde du Corps construite par Stüler entre 1851 et 1859 se dresse en face du château. L'importante collection de peintures françaises du XVIIIe siècle est également remarquable. À proximité, on trouve le musée régional de Charlottenburg, le musée des Antiquités et le musée Broehan.

Im Theater des Westen in Berlin-Charlottenburg wurden in früheren Jahren Opern gespielt, während es heute als Musical-Theater bekannt ist. Der Theaterbau sowie die benachbarten Gebäude bilden ein für Berlin typisches Gemisch mehrerer Baustile. Links neben dem Theater sieht man den legendären Delphi-Palast, der wie durch ein Wunder im Zweiten Weltkrieg nicht zerstört wurde. Als Tanzpalast im glamourösen Stil aus der Vorkriegszeit mutet er bei Uraufführungen mit anspruchsvollen Filmen und sonntags zum nostalgischen „Play it Again" an.

The Theatre of the West in the Charlottenburg district of Berlin used to be the venue of operas, but is now known for its musical productions. To the left of the theatre stands the legendary Delphi dance palace, which by some miracle was spared destruction in the Second World War. This glamorous building dates from the late 1920s and now provides a nostalgic setting for highbrow cinema and 'Play-It-Again' on Sundays.

Autrefois des opéras étaient joués dans le « Theater des Westens » (Théâtre de l'Ouest) situé dans le quartier de Charlottenburg; il est aujourd'hui un célèbre music-hall. À gauche, à côté du théâtre se trouve le légendaire cinéma Delphi qui, comme par miracle, n'a pas été détruit pendant la Seconde Guerre mondiale. Ce palais de danse de style d'avant-guerre resplendissant procure une sensation de nostalgie lors de la projection en avant-première de films recherchés tout comme les dimanches durant les « Play it Again ».

Berliner Funkturm

Ein Wahrzeichen Berlins ist der Funkturm, „Langer Lulatsch" genannt. Er wurde 1924-1926 nach Plänen von Heinrich Straumer zur 3. Deutschen Funkausstellung erbaut. In Berlin stand die Wiege des Rundfunks. Am 23. Oktober 1923 kam aus dem Voxhaus in der Potsdamer Straße 14 die erste Radiosendung in Deutschland. Der Stahlgittermast des Funkturms ist 138 Meter hoch, mit dem Antennenmast 150 Meter. Zur Aussichtsplattform in 125 Metern Höhe fährt ein Fahrstuhl. Eine weite Rundsicht hat der Besucher auch vom Funkturmrestaurant aus, das in 55 Meter Höhe eine elegante Ausstattung besitzt.

RADIO TOWER

An other landmark of Berlin is the radio tower, the Funkturm. It was built in 1924-1926 for the Third German Radio Exhibition, following plans by Heinrich Straumer. The cradle of radio stood in Berlin. On October 23, 1923, the first radio broadcast in Germany originated from the Voxhaus at Potsdamer Straße 14. The steel grid mast of the Funkturm has a height of 138 m, 150 m with its aerial mast. There is a lift to the observation platform at 125 m. Visitors can enjoy another view over the city from the restaurant, built at height of 55 m, with its elegant furnishings and decor.

TOUR EMETTRICE DE RADIO

La Tour de la Radio est un des emblèmes de la ville. Elle a été construite en 1924-1926 par Heinrich Straumer à l'occasion du 3e salon allemand de la Radio. Berlin était le berceau de la radio. C'est de la maison « Voxhaus » au N° 14 de Potsdamerstrasse que la première émission en Allemagne était diffusée le 23 octobre 1923. La construction en acier de la tour-radio a 138 mètres de hauteur et une antenne mesurant 150 mètres. Un ascenseur conduit à la plateforme située à 125 mètres d'où le visiteur peut admirer un vaste panorama.

Die Spandauer Zitadelle ist heute noch ein Geheimtipp für Berlin-Besucher, ja sogar für Berliner. Die Wasserfestung der Brandenburgischen Kurfürsten wurde zwischen 1560 und 1594 um die mittelalterliche Burg der askanischen Markgrafen herumgebaut. Nur der im Zentrum der Bastion stehende Juliusturm ist noch aus der Burgzeit erhalten. Die Zitadelle ist trotz der Umbauten im 19. und 20. Jahrhundert eine der bedeutendsten und besterhaltendsten Festungsanlagen des 16. Jahrhunderts in Europa. Im Juliusturm wurde 1874 der so genannte Reichskriegsschatz eingelagert.

The citadel at Spandau is still a well-kept secret for Berlin tourists and even for Berliners. The moated fortification of the electors of Brandenburg was built between 1560 and 1594 around a core of a medieval castle of the Ascanian counts. Only the Julius-Tower in the centre of the old castle still dates back to that time. The citadel is, despite changes in the 19th and 20th century, one of the bestpreserved fortifications of the 16th century in Europe. In 1874, the so-called war treasure of the Reich, amounting to 120 million goldmarks, was stored in the Julius-Tower.

La citadelle de Spandau (1560-1594), a été construite sous le règne des princes-électeurs brandebourgeois autour d'un château médiéval des margraves Ascaniens. La Juliusturm, seul vestige de l'époque moyenâgeuse, servit successivement de donjon, de prison et de trésor. En 1874, elle abrita le trésor de guerre du Reich qui s'élevait à 120 millions de marks-or. Malgré des transformations aux XIXe et XXe siècles, la citadelle est une des fortifications du XVIe siècle, une des plus vastes et les mieux conservées en Europe.

△ Spandauer Stadtgarde   ▽ Historische Gaststätte Zitadellen Schänke   △ Spandauer Zitadelle, Eingang   ▽ Spandauer Brauhaus in der Spandauer Altstadt

Olympiastadion Berlin

Anlässlich der Olympischen Sommerspiele 1936 wurde das Olympiastadion mit Platz für 100.000 Zuschauer gebaut. Angelegt als Erdstadion, nur der Oberring liegt über dem Erdniveau, wirkt es trotz seiner Größe nicht übermächtig. Die Fußball-weltmeisterschaften 1974 und 2006 waren immer Beweggrund, das Stadion zu modernisieren und umzubauen. Dabei wurde der Denkmalschutz beachtet und die historische Bausubstanz erhalten und konserviert. Auf dem Olympiagelände befindet sich auch die legendäre Waldbühne, eine der schönsten Freilichtbühnen Europas.

This stadium was built for the Olympic Games in 1936 and seated 100,000 spectators. It was mainly laid out below ground, and only the upper stands are somewhat above ground level, so that despite its size, it doesn't look overpowering. The football World Cups in 1974 and in 2006 provided the motivation for modernising and refurbishing the stadium, whereby as a protected building it was also carefully preserved to maintain and conserve its historic structure. In the Olympic Park stands the legendary forest theatre, one of Europe's loveliest open-air stages.

Le stade Olympique, d'une superficie totale de 130 hectares, peut accueillir 100 000 spectateurs. Il fut construit à l'occasion des Jeux olympiques d'été de 1936. Les Coupes du monde de football de 1974 et 2006 qui se sont déroulées en Allemagne, ont été à la base de divers travaux de transformation et modernisation de l'immense complexe sportif. Classé site historique protégé, il a toutefois conservé ses substances et lignes architecturales d'origine. Le stade Olympique abrite également la célèbre Waldbühne, un des plus grands et plus beaux théâtres de plein air d'Europe.

Badestrand am Wannsee

In der warmen Jahreszeit zieht es den Berliner am Wochenende hinaus ins Grüne. Während viele Berliner sich zum Grillen in den Grünanlagen im Treptower Park oder im Tiergarten an der Spree niederlassen, nehmen andere das Ausflugsschiff, um sich in die Stadtrandregionen bis zum Müggel- oder Wannsee bringen zu lassen. Hier, in der ländlichen Idylle, findet man neben Badevergnügen auch Restaurants und Unterhaltung. Auf den vielen Kanälen der Spree und Havel in Berlin werden per Flussschiff die beliebten Stadtrundfahrten entlang der historischen und neuen Stadt unternommen.

At weekends during the summer season, the people of Berlin flock out into Berlin's extensive green belt. While many Berliners set up barbecues in the idyllic gardens of Treptow Park or unwind in the huge Tiergarten park on the Spree, others take the steamer which transports them to the outskirts of the city, as far as the lakes of Müggelsee and Wannsee. The Spree and Havel canals provide Berlin with a network of numerous waterways which are very popular with tourists wishing to explore the sights of the city by boat.

En saison chaude, les espaces verts sont très prisés par les Berlinois le week-end. Alors que de nombreux Berlinois viennent se détendre dans les espaces verts idylliques du parc de Treptow pour y faire un barbecue ou se promener au Tiergarten sur la Spree, d'autres optent pour une balade en bateau à vapeur pour se rendre au lac Müggelsee ou Wannsee bordant la ville. Grâce aux canaux de la Spree et de la Havel, Berlin dispose de très nombreuses voies navigables dont les touristes profitent volontiers pour découvrir les curiosités de Berlin en bateau.

Havel-Seengebiet

Berlin ist eine grüne Stadt. Nicht nur die Straßenbäume, auch die vielen Wälder haben der Stadt zu diesem Ruf verholfen. Die Havel besteht aus einer Aneinanderreihung von Seen, von denen der Wannsee der bekannteste ist. Das auch in Schlagern besungene Strandbad ist fast schon zur Legende geworden. Wo viel Wasser ist, liegt es nahe, dass die Wassersportler nicht weit sind. So gibt es ungezählte Wassersportvereine aller Sparten, die ihre Boots- und Vereinshäuser am Müggelsee, an den Havelseen oder an einem der Wasserläufe besitzen.

Berlin is a green city. Not only its tree-lined streets, but also many woods have helped to establish this reputation. The Havel really is a string of lakes, Wannsee being the most famous one. This lake, which is featured in popular songs, has almost become a legend. With so much water, it is clear that aquatic sports play an important role. There are numerous clubs of all kinds which have their boats and clubhouses on the Müggelsee, the lakes of the Havel or one of the others bodies of water.

Berlin est une ville verdoyante. Elle possède de nombreuses rues ombragées ainsi que de vastes espaces verts et boisés. La rivière Havel forme une succession de lacs dont le plus connu est le Wannsee. La fameuse plage du Wannsee, chantée dans plusieurs mélodies populaires, fait partie de la vie des Berlinois. Un grand nombre de club de sports nautique bordent les rivages des lacs de la Havel, du Müggelsee et des cours d'eau environnants.

BILDNACHWEIS / TABLE OF ILLUSTRATIONS / TABLE DES ILLUSTRATIONS

Seiten:

Horst Ziethen . . . . .Exclusiv-Fotografie bis auf die nachfolgend
. . . . .aufgeführten Motive:
Fotoservice Weber . . . . .22 (2), 36 d, 41 (4), 65 a+d
Das Luftbildarchiv, Wenningsen 34, 38, 45b, 84

Sean Ziethen: 12 · Fotoagentur H.Lade: 15 · Zenit / Böning: 17 · Andreas Muhs: 20f, 70 u. Titel b ·
Reinhard Gömer: 22 u. Rücktitel · Zeitort: 27 · Punctum-Fotografie: 75 · Zenit / Langrock: 30/31 ·
DPA: /Euroluftbild 23 , 36c, 45a, 52b, 60 · Archiv Preußischer Kulturbesitz: 37a · Hildegard Ziethen: 37 b, c ·
Friedrichstadt-Palast: 40 · Werner Huthmacher: 45u. · Berliner Mauergrafik©Gerd Glanze/Graffiti: 56
von Christian „Lake" Wahle: 57, 58 · DTMB/Clemens Kirchner: 63 · Photoagentur Peters: 65 b,c,e, 67 d ·
Museum für Naturkunde/Carola Radke: 66 · IMAGE Berlin Konzertveranstaltungs GmbH: 77 ·
Verwaltung Staatl. Schlösser u. Gärten, Schloss Charlottenburg: 63 · Zoo Berlin/Peter Griesbach:
68a, 69 · MIS, Bernd Feil: 82

Karten / Mention of sources used / Indikation de la source
Vorsatzseiten: Aktuelle Kartengrafik Berlin-City von Ruben Atoyan ©Verlag Terra Nostra, Warschau
Nachsatzseiten: Berlin um 1900 von Bien und Giersch, Projektagentur GmbH, Berlin

Nachsatz-Doppelseite: BERLIN um 1900
Trailer double side: BERLIN around 1900
Double côté de bas de page: BERLIN autour de 1900 ▷▷